Unter Segeln

GIANCARLO SCHIAVONI

Unter Segeln

Die großen Windjammer auf den Weltmeeren

Aus dem Italienischen übersetzt von
Paola Bartolini

Fotografien von Tsuneo Nakamura

seit 1789

Koehlers Verlagsgesellschaft mbH · Herford

Am Anfang des Buches und auf Seite 8 die Kaiwo Maru *aus Japan. Sie ist eines von 31 Tall Ships, die 1992 an der Regatta von Cadiz bis Puerto Rico und dann an der Parade bis New York anläßlich des fünfhundertjährigen Jubiläums der ersten Kolumbus-Reise teilgenommen haben. Neben der Titelseite die* Nippon Maru*; auf Seite 10 und 11 die startbereiten großen Segelschiffe auf hoher See vor Cadiz.*

Die Deutsche Bibliothek – CIP-Einheitaufnahme

Unter Segeln : die großen Windjammer auf den Weltmeeren / Giancarlo Schiavoni. Fotogr. von Tsuneo Nakamura. Aus dem Ital. übers. von Paolo Bartolini. – Herford : Koehler, 1994
Einheitssacht.: La nave a vela <dt.>
ISBN 3-7822-0605-3
NE: Schiavoni, Giancarlo; Nakamura, Tsuneo; EST

Giancarlo Schiavoni
Unter Segeln
Die großen Windjammer auf den Weltmeeren

Titel der Originalausgabe
La nave a vela

Aus dem Italienischen übertragen von Paola Bartolini

Printed in Italy
ISBN 3-7822-0605-3

Inhalt

Kolumbus '92: Start zur »Großen Regatta«

»Kommandant, jetzt sind es 25 Knoten«.

»In Ordnung, kontrolliert weiter den Wind und sagt Bescheid, wenn er 30 Knoten überschreitet. Steuermann, weiter mit diesem Kurs. Wieviel Zeit haben wir noch bis zur Abfahrt?«

»Bis zur veranschlagten Zeit nur noch 30 Minuten. Aber nach Funkspruch scheint sich die Abfahrt um eine Stunde zu verschieben.

Genau! Gerade jetzt wird die offizielle Mitteilung bekanntgegeben. Man muß warten, bis der Flugzeugträger *Principe de Asturia*, an Bord Seine Majestät Juan Carlos und die Königin, aus dem Hafen von Cadiz ausläuft. Unsere Abfahrt ist für 15.30 Uhr festgelegt.«

»Verstanden. Jetzt haben wir genug Zeit, uns umzuschauen. Wir versuchen einen schönen Start, um mit der *Amerigo Vespucci* einen guten Eindruck zu hinterlassen!«

Der Anblick ist phantastisch. Es ist ein klarer und sonniger Maitag, und eine unglaubliche Vielzahl von Booten jeden Typs und jeder Größe kreuzt auf hoher See vor Cadiz. Das spanische Schulschiff *Elcano*, auf dem sich eben noch der König von Spanien befand, läuft aus dem Hafen aus. Alle Schiffe liegen noch ziemlich verstreut, aber in Kürze werden sie sich sammeln, um innerhalb einer Frist von 20 Minuten die Startlinie zu durchfahren. Da gibt es die Maxi; sehr schnelle Schiffe, die bestens mit allen technischen Mitteln ausgerüstet sind, um die maximale Kraft des Windes zu nutzen; daneben historische Schiffe, die dank der Leidenschaft ihrer Reeder in perfektem Zustand erhalten geblieben sind; dann neuere und ältere Boote und die »Meeresköniginnen«, die »Tall Ships«, Schiffe mit sehr hohen Masten. Viele dieser Schiffe sind sowohl in der Heimat als auch im Ausland ob ihrer Schönheit und Eleganz berühmt. Sie werden jedes Jahr von Hunderttausenden besucht und bewundert.

Es ist nicht schwer, die Schiffe voneinander zu unterscheiden. Jeder Segler hat seine eigene Besonderheit: Von den grünen Segeln der *Alexander von Humboldt* bis zu den riesigen chilenischen Flaggen auf dem Masttopp der *Esmeralda*; von den roten Kreuzen auf den Segeln der *Sagres* bis zur schneeweißen und rasanten Linie der *Libertad*. Es ist nicht einfach, mit diesen Seglern gegen den Wind »zu warten«. Deshalb ziehen die meisten Besatzungen es vor, nur die Segel gesetzt zu halten, die für das Manövrieren unbedingt nötig sind. Bis ca. 30 Minuten vor dem Start hat dann jeder seine Position eingenommen, damit in möglichst kurzer Zeit alle Segel gesetzt werden können. Langsam nehmen die Schiffe Fahrt auf, gehen auf Kurs und bilden eine Art Trichter bis zur Startlinie. Die Abstände zwischen den Booten werden kürzer. Man kann schon mit bloßem Auge die Männer in den Wanten und die Bewegungen auf den Kommandobrücken sehen, wo man versucht, die richtige Taktik für den Start festzulegen. Es ist kaum zu glauben, aber auch bei einer Regatta über ca. 3000 Meilen hängt für Großsegler sehr viel von einem guten Start ab.

Bald kommt der Augenblick, auf den wir so lange gewartet und auf den wir uns vorbereitet haben. Die *Amerigo Vespucci* segelt mit einer Geschwindigkeit von 8 Knoten; der Wind bleibt weiterhin steif und konstant, alle Segel sind jetzt gesetzt. Das Schiff hält einen Kurs, der es in der geplanten Zeit durch die Startlinie bringen soll. Leewärts und leicht zu uns geneigt liegt die *Tovarisch*; wir segeln auf parallelem Kurs, damit nicht die Manöver anderer behindert werden. Dabei halten wir uns durch Halsen weiter auf Steuerbordkurs, und es scheint, daß unsere Fahrt durch niemand gestört wird. Aber auf einmal kommt die *Libertad* von Steuerbord und entschließt sich, unseren Kurs vor dem Bug zu kreuzen, um die Startlinie zu erreichen. Um eine Kollision zu verhindern, sind wir gezwungen, abzudrehen. Am Ende dieses Manövers ist das Heck der *Libertad* nicht mehr als zehn Meter von unserem Bug entfernt. Auch wenn unsere Fahrt sehr niedrig ist, muß man bedenken, welch imposante Maße hier eine Rolle spielen. Wir stehen in geringer Entfernung zueinander, und es fehlen noch einige Sekunden bis zum ersten Kanonenschuß, mit dem die Regatta für die Klassen A und B gestartet wird. Danach werden die Maxi und schließlich die kleineren Schiffe, die zur C-Klasse gehören, starten.

Die gleichzeitige Präsenz so vieler Segelschiffe und Boote in einer so kleinen Meeresecke ist sehr eindrucksvoll und aufregend. Diese tausende Quadratmeter von Segeln, die den Wind sammeln und seine ganze Kraft ausnutzen, um die schweren Schiffsrümpfe zu bewegen, egal, ob man sie vom Bug oder Heck oder aus jeder anderen Position betrachtet, sie erwecken Bewunderung und Erstaunen. Und sie sind auch eine Augenweide! Viele Maler und andere Künstler haben sich davon immer wieder inspirieren lassen. Wer

würde sich hier nicht einem Gefühl von Heiterkeit und Entspannung hingeben! In fast allen Ländern der Welt haben sich Künstler, Bildhauer, Graveure, Töpfer und andere Künstler von diesem außergewöhnlichen Objekt, dem Segelschiff, inspirieren lassen. Seit dem 17. Jahrhundert ist das Schiff sogar zu einem volkstümlichen Kunstthema geworden. Es gibt kaum einen Maler, der nicht mindestens einmal ein Schiff gemalt hat.

Heutzutage ersetzt oftmals die Fotografie eine schöne Zeichnung oder ein Gemälde. Aber wie kann man die Fotografie mit einem Gemälde von Turner oder einem Stich von Duncan vergleichen?

Die Segelschiffe sind lange nicht mehr so häufig auf See oder im Hafen zu sehen, wie noch um die Jahrhundertwende, aber wenn man will, kann man sie finden. Der Anblick, den wir alle glücklicherweise vor Cadiz bewundern dürfen, ist eine seltene Gelegenheit! Ich weiß nicht, ob es ein Maler geschafft hat, einige dieser Schiffe auf die Leinwand zu bannen. Auf der *Amerigo Vespucci* gibt es keinen Maler, dafür jedoch viele Fotografen, und die werden bestimmt mehrere hundert Meter Film belichten, um sich für immer an diese phantastischen Momente zu erinnern!

Der Wind ist immer noch steif und konstant, sowohl in der Stärke, als auch in der Richtung. Nur die Wellenkämme brechen das tiefe Blau des Meeres. Für diesen Start der Jubiläumsregatta kann man sich keine besseren Bedingungen vorstellen! Alle Segelschiffe sind nun in Fahrt gekommen und nähern sich schnell der Startlinie.

»Kommandant, es ist soweit!« An Bord ist fühlbar eine erhebliche Spannung aufgekommen: Jeder hat seinen Manöverplatz eingenommen. Einige kümmern sich um das Anpassen der Segel, andere kontrollieren die Position, um einen exakten Küstenpunkt zu haben, von dem aus der nächste Kurs abgesetzt wird. Manche führen an Objekten letzte Peilungen durch, die als Startboje fungieren, und einige beobachten mit Aufmerksamkeit die anderen Schiffe, um sich zu überzeugen, ob sie auf sicherem Abstand sind und ob man deren Manöver eventuell zuvorkommen muß. Aber diese Anspannung wird nicht mit dem Start zu Ende sein. Sie wird zumindest den ganzen Tag anhalten; auf jeden Fall so lange, bis unter den Schiffen ein größerer Abstand entstanden und es möglich ist, die Situation besser zu kontrollieren.

Wir sind gestartet. Per Mikrophon sind unsere Namen und die Startzeit der Jury mitgeteilt worden, die sich an Bord des »grauen Schiffes« der spanischen Marine befindet. Die Stoppuhr läuft, sie wird erst wieder angehalten werden, wenn wir

Puerto Rico erreicht haben. Auf uns warten mehr als dreißig Regattatage voll taktischer Entscheidungen und Auswertungen von Wetterkarten. Wir versuchen, den günstigsten Kurs zu segeln und auch Meeresströmungen auszunutzen, um so die höchstmögliche Geschwindigkeit zu erreichen. Dabei müssen wir stets aufmerksam die Stellung aller 28 Segel, die nun gesetzt sind, kontrollieren. Eine technisch bedingte Pause von einigen Tagen auf den Kanarischen Inseln wird ein wenig Entspannung bringen und der Mannschaft die Möglichkeit geben, sich besser kennenzulernen.

Nach unserem Ausweichmanöver, bedingt durch die *Libertad*, hat die venezolanische *Simon Bolivar*, die bei der Abfahrt ca. 60 Meter von unserer Backbordseite entfernt war, weiter leicht angeluvt und damit den Abstand reduziert. Ich luve ebenfalls an und gehe höher an den Wind. Diese kritischen Augenblicke dehnen sich endlos, vom Bugspriet werden mir immer geringere Abstände zur *Simon Bolivar* mitgeteilt. Unsere Maschinen arbeiten noch, und das beruhigt mich; denn wenn ich die Maschinen auf zurück stellen lasse, kann ich mit Sicherheit meine Geschwindigkeit drosseln, um freizukommen. Wird die *Simon Bolivar* vorbeifahren oder nicht?

»Kommandant, wir sind frei!« Der erlösende Ruf vom Bugspriet vermischt sich mit den Begrüßungsschreien beider Besatzungen.

Jetzt, da alle Segler den »Starttrichter« hinter sich haben, breitet sich das Teilnehmerfeld fächerförmig aus. In der Zwischenzeit sind auch die Maxi und die schnelleren Boote gestartet. Die *Merit* und die *La Poste* schieben sich nahe heran und überholen uns. Sie sind sehr schnell! Beide Schiffe werden fast 10 Tage vor der *Amerigo Vespucci* Puerto Rico erreichen. Das Abenteuer hat begonnen!

Ein internationales »Jugendtreffen« an Bord

Über 6500 Menschen sind an Bord der ca. 250 Schiffe, die von Cadiz gestartet sind. Laut Regattaordnung sollen mehr als 50 Prozent der Mannschaften zwischen 15 und 25 Jahre alt sein. Also besteht der größte Teil von ihnen aus Jugendlichen beiderlei Geschlechts, aus den verschiedensten Nationen und von unterschiedlicher Herkunft. Einige werden in

Zukunft als Offiziere bei der Kriegsmarine dienen, andere vielleicht auf riesigen Tankern fahren, wieder andere schnelle und modernste Passagierschiffe führen, und wiederum andere nur die Erinnerung an dieses einmalige Erlebnis behalten, weil sie künftig eine ganz andere Tätigkeit ausüben werden.

Was verbindet nun diese Jugendlichen? Warum haben sie auf das alltägliche ruhige Leben, auf ihren Komfort und ihre liebgewordenen Gewohnheiten verzichtet? Warum haben sie sich entschieden, wenig zu schlafen, unregelmäßig zu essen, unter Seekrankheit zu leiden, bei Wind und Wetter in die Rahen zu klettern? Was versprechen sich die jungen Menschen davon?

Vielleicht ist es die Lust auf Abenteuer oder die Begeisterung, eine Erfahrung mit vielen Altersgenossen zu teilen, oder eventuell die Freude, in der ganzen Welt auf traditionelle, langsame, aber auch bequeme und so ganz andere Art und Weise herumzukommen. Aber ein wesentliches Motiv ist bei vielen sicherlich ihre tiefe, leidenschaftliche Liebe zum Meer.

Nur wer zur See fährt, kann die Ruhe eines Morgengrauens oder den Frieden eines Sonnenuntergangs ganz in sich aufnehmen. Nur auf See kann man beobachten, wie diese Anblicke, die immer gleich zu sein scheinen, in Wirklichkeit immer wieder anders sind. Die Farbtöne, die Wolkenformen, die minimalen Unterschiede, die das Ganze verändern. Kann man die Schönheit des Sturmes beschreiben? Wie kann man die Wellen, die sich gegen die dunklen und starken Schiffswände brechen, den drohenden Himmel, der immer schwärzer und niedriger wird, den Wind, der heftig in die noch gesetzten Segel bläst und sie in volle und harmonische Formen versteift und das Schiff in seinen Bewegungen, einem Tanz gleich, den nur Seeleute kennen, beschreiben? Es ist ein schöner Tanz. Das Schiff springt gegen den Himmel und dann verbeugt es sich vor dem Meer, versinkt im Wellental und steht sofort wieder auf, um mit der nächsten Welle zu gleiten.

Manchmal ist das Ganze auch eine Art Haßliebe, weil oft der Genuß dieses Anblicks im Gegensatz steht zu den Anstrengungen und der Mühe, eine Schot dicht zu holen, einen Strich zu brassen oder die Segel zu setzen.

Die Liebe verbindet sich aber gleichzeitig mit einer ehrwürdigen Furcht vor diesem Ur-Element. Je besser man es kennt, um so mehr fürchtet man es. Das Meer verzeiht nicht!

Schon zu allen Zeiten war das Meer nicht nur ein trennendes Element; vielmehr war und ist es die Verbindung zwischen Völkern und Ländern. Die Seeleute, die seit jeher durch gemeinsame Interessen, Leidenschaften und Überzeugungen miteinander verbunden sind, waren schon immer Botschafter und Mittler zwischen den Völkern. Sie haben oftmals ihre eigenen Traditionen, Sitten und Gebräuche in fremde Länder mitgebracht und oft auch deren Sitten und Gebräuche angenommen oder übermittelt.

Jungsein verbindet. Und wenn über alle rassischen, politischen und religiösen Probleme und finanziellen Interessen hinaus der Wunsch nach Menschlichkeit und Gemeinsamkeiten so sehr überwiegt, ist es ein leichtes, echte und freundschaftliche Beziehungen dauerhaft aufzubauen. Man erlebt und genießt die Schönheit fremder Regionen gemeinsam. Das Zusammensein auf See verstärkt das Gefühl der Gemeinsamkeit, während das Schiff den gleichen Kurs nimmt, den Kolumbus mit Zähigkeit, Ausdauer und Scharfsinn auf seiner Entdeckungsreise nach Amerika verfolgte.

Werden diese Jugendlichen anders sein, nachdem sie so viele Monate auf See zugebracht haben? Werden sie aus ihren Erfahrungen etwas Positives gewonnen haben? Wird ihnen eine konkrete Erinnerung von diesem Abenteuer bleiben? Ja, ja und nochmals ja! Das Leben auf See läßt Menschen reifen, macht ihnen ihre Fähigkeiten und Grenzen, sowohl körperliche als auch geistige, besonders intensiv und nachdrücklich bewußt. In der Erinnerung werden Anstrengungen und traurige Momente mehr und mehr verblassen — Freude und Befriedigung aber prägen sich für immer in das Gedächtnis.

Die größten und schönsten Segelschiffe dieser Welt — sie sind hier fast alle präsent: neuere und ältere, größere und kleinere; mit Besatzungen, die mehr als 400 Mann oder auch nur 12 Mann zählen; mit tausenden Quadratmetern Segelfläche oder mit weniger als hundert Quadratmetern; mit nur einem Mast von gerade 10 Metern Höhe oder mit vier oder fünf Masten, die beinahe 60 Meter messen.

Wo soll man anfangen, diese Schiffe aufzuzählen? Soll man bei den Schulschiffen beginnen, die die Kriegs- und Handelsmarinen vieler Länder repräsentieren; oder mit den kleineren Booten, die Segelklub-, Vereins- oder Verbandswimpel tragen, an Bord oftmals eine von der Skipper-Begeisterung getragene Crew, die dem bevorstehenden Abenteuer entgegenfiebert.

Wo soll man beginnen und welches Kriterium ansetzen, um all diese Schiffe zu beschreiben und von jedem die Besonderheiten und die jeweils hervorstechenden Merkmale und besonderen Segeleigenschaften aufzuzählen? Man würde endlos viele Seiten brauchen!

Die Königinnen dieser Regatten sind die sogenannten »Tall Ships«, die »Hohen Schiffe«, echte »Damen der See«. Von den weltweit ca. 50 in der Klasse A eingestuften großen Segelschiffen werden 31 bei der Parade vom 4. Juli 1992 entlang des Hudson vor New York dabeisein!

Dabei sind die »alten Damen«, wie die spanische *Juan Sebastian de Elcano* mit der chilenischen Schwester *Esmeralda* — mit jeweils vier Masten —, dann die *Amerigo Vespucci* aus Italien, mit einem Großmast von 54 Metern Höhe und ca. 3000 Quadratmetern Segelfläche. Alle stolz in ihrer Erhabenheit, auch wenn sie schon über sechzig sind und mehrere »Schönheitsoperationen« hinter sich haben!

Dabei sind auch die »jungen Damen«, wie die argentinische *Libertad*, Jahrgang 1956, prächtig in ihrem schneeweißen

»look«. Dann kommen die jüngsten dieser »Damen«, die vier Schwestern: die kolumbianische *Gloria*, die venezolanische *Simon Bolivar*, die mexikanische *Cuauhtemoc* und die ecuadorianische *Guayas*, die seit dem Ende der 70er Jahre die Meere befahren. Da sind auch die sogenannten »Athleten«, ein ziemlich neuer Typ, wie die japanische *Kaiwo Maru*, im Jahr 1989 vom Stapel gelaufen. Sie ist sehr elegant und mit verfeinerten und supermodernen Steuersystemen ausgerüstet worden, um die Manöver zu erleichtern.

Man darf auch nicht solche Schiffe wie die portugiesische *Sagres II* mit den roten Kreuzen auf ihren Segeln vergessen oder den uruguayischen Schoner *Capitan Miranda*, die russischen Schiffe *Mir*, *Tovarisch* und *Sedov*, die polnische *Dar Mlodziezy* oder die deutsche *Gorch Fock II*, die zusammen mit der argentinischen *Libertad*, der dänischen *Danmark* und der *Eagle* — Stolz der Küstenwache der Vereinigten Staaten von Amerika — eines der schnellsten Segelschiffe ist. Diese Aufzählung kann nur sehr unvollständig sein. Auch all die anderen, die hier nicht genannt worden sind, hätten eigentlich erwähnt werden müssen, denn von allen strahlt der Zauber der Segelschiffahrt aus.

Der Reiz der Segel

Warum Schulung auf Segelschiffen? Bis vor kurzem konnten Deckoffiziere der Handelsmarine ihr Patent nur erlangen, wenn sie einige Jahre Fahrenszeit an Bord eines Segelschiffes nachwiesen. Zahlreiche Kriegsmarinen besitzen Segelschulschiffe, auf denen Kadetten und Absolventen von Marineakademien ihre seemännische Ausbildung erhalten, bevor sie dann auf den »grauen Schiffen« dienen. Beide Beispiele beweisen, welch eine wichtige Rolle Segelschiffe bei der Schulung und der Ausbildung von Matrosen spielen.

Warum denkt man in einer Welt, in der Technologie immer mehr an Bedeutung gewinnt, indem man auf See Hilfsmittel wie Satelliten- und Funknavigation benutzt, in der Schiffsmotoren immer ausgefeilter und zuverlässiger werden, immer noch ans Segeln und an antike Navigationsformen?

Bei der Antwort muß man aufpassen, um nicht in Sentimentalität und Traditionalismus zu verfallen. Die einfachste und prompteste Antwort könnte sein, daß echte Navigationskunst nicht von den Erkenntnissen abweicht, die viele Jahrhunderte auch für unsere Ahnen galten. Aber es gibt auch andere Gründe: Der Seemann muß so weit wie möglich mit allen Seiten des Elements vertraut sein, auf dem er einen großen Teil seines Lebens verbringen wird — dem Meer.

Auf alten Segelschiffen sowie auf den heutigen Schulschiffen sind die Räume, die für das tägliche Leben bestimmt sind, normalerweise recht eng. Aus diesem Grund hält man sich sehr oft an Deck auf und auch deshalb, weil natürlich

New York 4. Juli 1992: 31 »Tall Ships« fahren in Parade entlang des Hudson.

alle Manöver dort durchgeführt werden. Und so ist es mehr als auf allen anderen Schiffen möglich, das Meer, den Himmel, die Sonne oder den Mond zu beobachten, dem Wind zu folgen, wenn er gegen die Segel schlägt, und Wolken-, Gewitter- und Sturmbewegungen zu studieren. Man lebt im Freien, und das ermöglicht es, alle Naturelemente, die die Navigation beeinflussen, kennenzulernen; denn diese Kenntnisse sind notwendig, auch wenn die heutige Navigation ganz entschieden von der unserer Ahnen abweicht, weil die Hilfsmittel, die wir einsetzen und nutzen können, viel umfassender und zuverlässiger sind. Das unmittelbare Erleben der Naturelemente und die aus der Beobachtung gewonnenen Erkenntnisse sind aber immer noch entscheidend für eine korrekte Einschätzung der Wetterlage.

Denn auf dem Meer sind Gewitter und Sturm die Erscheinungen, auf die am meisten geachtet werden muß, und die möglichst frühzeitig erkannt werden sollen, um so mit genügend Vorsprung alle nötigen Vorkehrungen treffen zu können. Wenn man an Deck lebt, kann man das Wetter mit allen fünf Sinnen wahrnehmen; spüren, wenn die Luft feucht wird, die Elektrizität der Luft wahrnehmen, sehen, wie ein Gewitter sich bewegt, den Donner hören, fühlen wie der Wind sich verstärkt oder schwächer wird.

Nur auf einem Schiff, auf dem man größtenteils an Deck lebt, egal ob Segelboot oder Segelschiff, lernt man, zur See zu fahren, das Meer zu riechen, die Wellenbewegungen zu nutzen und mit dem Ruder der Schiffsbewegung zu folgen.

Segelschiffe in Richtung New York. In der Mitte, mit den grünen Segeln, die deutsche *Alexander von Humboldt*, links die norwegische *Christian Radich*, rechts die kolumbianische *Gloria* und die italienische *Amerigo Vespucci*.

Dies sind nur einige Beispiele dafür, warum noch heute viele Marinen ihre Matrosen auf Segelschiffen ausbilden und viele Jugendliche dem Ruf der Segel und des Meeres folgen.

Nach einer kurzen Einführung in die Geschichte der Segelschiffahrt der letzten Jahrhunderte werden auf den nächsten Seiten die eindrucksvollsten Segelschiffe vorgestellt. Diese Schiffe fahren noch heute und prägen, wie schon seit Generationen, immer wieder neue Seefahrer.

Von der mittelalterlichen Kogge, mit den ersten Rahsegeln ausgerüstet, über die Karracken, die Galeonen und die Brigantinen, werden wir zu den legendären Klippern, den »Seekathedralen«, kommen. Der Klipper fuhr noch zu Beginn dieses Jahrhunderts über die Weltmeere, bis er durch moderne Schiffe ersetzt wurde. Maschinengetriebene Schiffe sind eben unabhängig vom Wind und erreichen zudem eine höhere Geschwindigkeit.

Nach einem Abschnitt über das Leben an Bord, in dem versucht wird, zu erklären, was es bedeutet, heute an Bord eines Segelschiffes zu leben, werden wir uns mit den Galionsfiguren beschäftigen, die seit jeher den Bug fast aller Segelschiffe geschmückt haben. Nach den Seiten mit Abbildungen wunderschöner Segelschiffe finden wir am Ende des Buches eine kurze Beschreibung der Schiffe, die aufgrund ihres Alters und ihrer Bedeutung zu schwimmenden Museen geworden sind. Ganz zum Schluß folgt dann ein Glossar, in dem die Ausdrücke der »Seemannssprache«, die nicht immer für alle leicht verständlich sind, erklärt werden.

In jedem Hafen ein anderer Anblick, aber immer wieder bezaubernd. Von links: *Amerigo Vespucci, Sedov, Krusenstern* und *Dar Mlodziezy*. An den Masten die »Flaggengala«, die aus sämtlichen Signalflaggen gebildet wird.

ТОВАРИЩ

Segelschiffe und ihre Geschichte

Seit wann fährt der Mensch zur See? Wahrscheinlich wird niemand diese Frage ganz exakt beantworten können, ebenso wenig, wie die Frage, wann der Mensch zu jagen oder zu wandern begonnen hat. Zur See zu fahren kann man vielleicht auch als eine dem Menschengeschlecht angeborene Tätigkeit verstehen.

Vor vielen Millionen Jahren hat ein Mensch wohl einen Baumstamm auf einem Fluß oder auf einem See treiben sehen und hat sich an ihn geklammert oder ist auf ihn gestiegen. Dabei hat er bemerkt, daß der Stamm weitergeschwommen ist. Und als er mit Händen und Füßen um sich schlug, hat sich der Stamm bewegt. Diesem unbekannten und unwissenden Menschen verdanken wir sicherlich die »Erfindung« der Fortbewegung auf dem Wasser. Und so begann die Entwicklung.

Die *Sagres II*, das portugiesische Schulschiff mit seinen charakteristischen lusitanischen Kreuzen auf den Segeln.

Von der Hand- und Fußbewegung ist man zur Benutzung von Ästen oder Pfählen und später vielleicht von Paddeln zur Fortbewegung übergegangen, angeregt durch die Schwimmfüße der Wasservögel. Vom Stamm ist man zum hohlen Stamm und dann zum Einbaum gekommen. Von allen Einbäumen oder Einbaumüberresten, die man in Europa gefunden hat, reicht das älteste bis auf etwa 6300 Jahre vor Christus zurück. Später hat man mehrere Stämme oder Äste zusammengebunden, so ist das Floß entstanden. Im Laufe der Jahrhunderte entwickelte sich dann das eigentliche Schiff. Interessant ist, daß man in Ländern, in denen Nutzholz knapp war, faktisch zwangsläufig zu anderen Ausgangsmaterialien für Boote kam. So hat man Leder zusammengenäht (Kajak der Eskimos), eine Struktur aus dünnen Ästen mit Baumrinde überzogen, oder Binsen- und Rohrmatten oder aufgeblasene Schläuche aus Tierhäuten, versehen mit einer leichten Struktur, benutzt. Viele dieser Boote, deren Ursprung im Dunkel der Vergangenheit verlorengegangen ist, werden bis heute auf ähnliche Weise gebaut.

Viele typische Sagen in verschiedenen volkstümlichen und mythologischen Geschichten erklären den Übergang vom Ruder zum Segel. Eine altägyptische Sage erzählt, daß Isis, die Frau von Osiris, versuchte, ihren riesigen Schleier im Wind zu spannen, weil sie keine Lust mehr hatte, auf ihrem blauen Schiff zu rudern. Das Schiff gewann so rasch an Geschwindigkeit. Eine andere Sage erzählt, daß sich ein junger Fischer mit seiner Verlobten an den nördlichen Küsten des Persischen Golfes befand und von grausamen Seeräubern verfolgt wurde. Als die Seeräuber im Begriff waren, die beiden gefangenzunehmen, bat der Fischer einen Meeresvogel um Hilfe. Der Vogel streckte seine Flügel auf dem Boot aus. So bekam das Boot mit Hilfe des

Die russische *Tovarisch*, die auch auf den vorhergehenden Seiten zusammen mit der dänischen *Georg Stage* abgebildet ist.

Windes eine höhere Geschwindigkeit und konnte den Seeräubern entkommen.

Der Übergang vom Ruder zum Segel ist wahrscheinlich ein ganz natürlicher Übergang gewesen. Er entwickelte sich vielleicht aus der simplen Beobachtung einer vom Wind angehobenen Matte, fliegender Blätter oder eines der Bewegung der See preisgegebenen Bootes.

Aber was auch immer der Ursprung gewesen sein mag ist ohne Bedeutung. Die beiden Systeme Ruder und Segel waren viele Jahrhunderte gleichzeitig vorhanden. Die Boote wurden größer, nach und nach wurden Ruder und Anker entwickelt, die Anzahl der Masten erhöhte sich, danach kamen Aufbauten dazu und die horizontale und vertikale Abschottung hatte sich verbreitet.

Während die Riemen schon mit den Galeeren ein Höchstmaß an Perfektion erreichten, wird die Entwicklung des Segels, trotz des bereits sehr hohen Niveaus zur Zeit der Klipper im 19. Jahrhundert, noch heute im Sportbereich fortgesetzt, indem modernste Techniken und Materialien angewendet werden. So kann man Ergebnisse und Geschwindigkeiten erreichen, die bis vor einem Jahrzehnt noch undenkbar waren.

Segel und ihre Entwicklung

Die meisten Kinder haben einmal mit Nußschalen gespielt, auf denen ein Zahnstocher mit einem kleinen Papierstück befestigt war. Und alle haben wohl bemerkt, daß die schwimmenden Schalen sich auf dem Wasserspiegel fortbewegt haben, sofern es nicht zu stark geblasen hat. Der Wind wirkt also als Kraft in der Mitte des Segels und bewegt so das Boot in Windrichtung. Und es ist durchaus richtig, wenn man vermutet, daß das Boot nicht nur durch Rückenwind, sondern auch durch seitlichen Wind bewegt wird. Man ahnt dann, daß ein Boot sich auch schräg in bezug auf seine Buglinie bewegen kann. Schwieriger zu verstehen ist, wie es das Segelschiff schafft, schräg gegen den Wind zu fahren. Unsere Ahnen haben in der Tat Jahrhunderte gebraucht, um das Segel, die Masten und die Boote so zu verbessern, daß dieses Ergebnis erreicht werden konnte.

Am Anfang hatte das Segel eine mehr oder minder quadratische Form; zuerst aus Häuten und dann aus verschiedenen anderen Stoffen hergestellt, die immer an einem oder mehreren Masten befestigt waren. Diese Segel, Rahsegel genannt (siehe Seite 25, Fig. A), wurden ausschließlich verwendet, um den Wind nur auf einer Seite aufzunehmen und so das Schiff mit Rückenwind zu bewegen.

Die Stenge, an die das Segel angeschlagen wurde, Rahe genannt (1), konnte sich von einer Seite zur anderen drehen, um mit Hilfe des Windes die Bootsrichtung zu verändern. Aber oftmals passierte es, daß sich während dieses Manövers das Boot quer zum Wind legte und man es nur mit größter Mühe wieder auf den richtigen Kurs bringen konnte.

Im Laufe der Zeit haben die Rahsegel Verbesserungen erhalten; sie wurden mit verschiedenen Bahnen zusammengenäht, sogenannten Segelbahnen (9), um Risse zu vermeiden oder wenigstens zu begrenzen; sie wurden mit Geitauen (8) ausgerüstet, mit denen man die Segel sehr schnell aufholen konnte, bevor man sie angeschlagen hatte. Man dachte über ein System nach, bei starkem Wind die Segeloberfläche zu reduzieren; so wurden auf dem Segeltuch Reffbänder (10), Tauteile, festgeknotet, die eine Vorrichtung zum Verkürzen des Segels darstellten.

Die Struktur des Rahsegels selbst hatte Fahreinschränkungen zur Folge, weshalb das sogenannte Lateinsegel (siehe Fig. C) entwickelte wurde, dessen genaue Herkunft ungewiß ist. Die erste historische Dokumentation über sein Vorhandensein geht auf das 9. Jahrhundert zurück. Es existierte tatsächlich eine griechische Zeichnung, auf der einige Schiffe mit nur einem Mast mit Lateinsegel dargestellt sind. Die Zeichnung ist sehr präzise und beschreibt genau alle Einzelheiten. Es wird behauptet, daß solche Segel ihren Ursprung in Ostindien haben und daß diese wiederum auf die von der chinesischen Dschunke benutzten Segel zurückgehen. Andere benennen als Herkunftsgebiet das Arabische Meer oder den Nil. Sicherlich ist der Name auf den häufigen Gebrauch des Wortes »Mittelmeer«, Lateinisches Meer, im weitesten Sinne des Wortes zurückzuführen.

Das Lateinsegel hat eine Dreieckform und wurde ursprünglich mit dem vorderen Teil an Deck befestigt und ragte schräg nach hinten über den Mast hinaus. Seine Besonderheit liegt darin, daß es viel handlicher als das Rahsegel ist und dem Schiff Vorschub gibt, auch wenn der Wind das Segel nicht im rechten Winkel trifft. Die Seeleute hatten gelernt, daß es möglich war, gegen den Wind voranzukommen, zu kreuzen. Man stellte die Segel der Rahschiffe in einen bestimmten Winkel gegen den Wind, konnte also nicht mehr direkt auf das Ziel lossegeln, sondern mußte sich unter Zeitverlust dem Ziel im Zickzackkurs nähern.

Die Erfindung des Kreuzens stellt eine wichtige Etappe in der Navigationsgeschichte dar.

Das Gaffelsegel (Fig. D) ist seit dem 15. Jahrhundert bekannt. Man nimmt an, daß es von den Bermuda-Inseln stammt. Es hat eine Trapezform und wird an zwei horizontalen Stengen, dem Baum (4) und der Gaffel (5), befestigt, so daß die Segelstellung und damit das Manövrieren einfacher ist.

Später wurden die übrigen Schratsegel (Fig. B) erfunden. Die Segel hatten eine Dreieckform und wurden entlang der Stagen (2) aufgehißt. Die Stagen sind Taue, die man benutzt, um die Masten zu stabilisieren und die längsseits des Schiffes vom Mast nach vorn führen.

Mit zunehmender Erfahrung der Seeleute und dem Fortschritt von Wissenschaft und Technik in bezug auf Navigation und Schiffbau erhöhte sich bis zum Zeitalter der Klipper (19. Jahrhundert) die Länge der Schiffe und die Zahl der Masten. Die Segelfläche und die Segelbestückung vergrößerten sich.

Wie bereits erwähnt, stellte das Zeitalter der Klipper den absoluten Höhepunkt der Segelschiffzeit dar. Danach wurde der Segelantrieb nach und nach durch den maschinellen Antrieb verdrängt.

Bis zu diesem Übergang erfolgte die Entwicklung des Segelschiffes kontinuierlich und wurde durch diverse Bootstypen gekennzeichnet; jeder Typ hat mitgeholfen, die Leistung des Segelschiffes zu verbessern. Die Typisierung dieser Schiffe, die im Mittelalter sehr unpräzise, pauschal und unklar war, wurde im Laufe der Jahrhunderte immer genauer.

Die Haupttypen der Segelschiffe

Die Kogge

In den Unterlagen aus dem Mittelalter wird der Ausdruck auch in *coccha, cocka, cogga, concha* und *coqua* umschrieben. Die ersten Exemplare (10. Jahrhundert) wurden vornehmlich von Engländern und Normannen benutzt. Am Ende des 13. Jahrhunderts, wahrscheinlich von Seeleuten aus der Gascogne eingeführt, erschien die Kogge auf dem Mittelmeer. Im Jahr 1962 wurden die Reste einer Hansekogge vor Bremen geborgen. Deren Schiffsrumpf ist ca. 24 Meter lang und 6,20 Meter breit.

Die Kogge hat in ihrer Zeit, sie dominierte die Meere rund vier Jahrhunderte lang, viele Veränderungen erfahren. Die ersten dieser hochseetüchtigen Handelsschiffe hatten eine rundliche Form, hochbordige Seiten und waren ziemlich kurz. Die Kogge war anfangs mit nur einem Mast und einem Rahsegel ausgerüstet. Später erhielt der Schiffskörper länglichere Formen, wobei man sich hierbei vielleicht von den Wikingerschiffen hat anregen lassen. Es folgten die ersten Aufbauten, Kastelle genannt, die meistens auf dem Achterdeck errichtet wurden. Noch bei den ersten Koggen wurde das Schiff mit zwei langen Rudern gesteuert, die auf beiden Heckseiten befestigt waren (Lateinruder). Zu Beginn des 13. Jahrhunderts ging man dazu über, nur ein einziges Ruder zu benutzen, das sich in der Mitte des Hecks befand. Das Heckruder machte erst den Bau großer Schiffe möglich, denn Rudergröße und Schiffsgröße stehen in einem bestimmten Verhältnis zueinander. Das Heck bekam eine rechteckige Form, die bis zum Ende des 15. Jahrhunderts beibehalten wurde. Nach der Einführung der Kogge im Mittelmeerraum hat man die Bautechnik des Nordens integriert, den Schiffsrumpf, die Aufbauten und die Bemastung verbessert und einen zweiten Mast am Bug (Fockmast) und einen dritten am Heck (Besanmast) hinzugefügt. Im 14. Jahrhundert wurde oftmals auch noch ein vierter Mast errichtet. Die Takelage von ca. 200 Quadratmetern bestand aus Latein- und Rahsegeln. In dieser Zeit kamen die Mastkörbe auf den Mastspitzen hinzu sowie die Wanten, die die Masten seitlich stützten und es mit ihren Webeleinen den Seeleuten ermöglichten, auf die Masten zu klettern.

Die japanische *Kaiwo Maru*, die inzwischen durch ein neues Schiff gleichen Namens ersetzt worden ist.

Von der Kogge zu den Klippern

Portugiesische Karavelle

Spanische Karavelle

Karracke

Brigg

Bombarde

Schoner

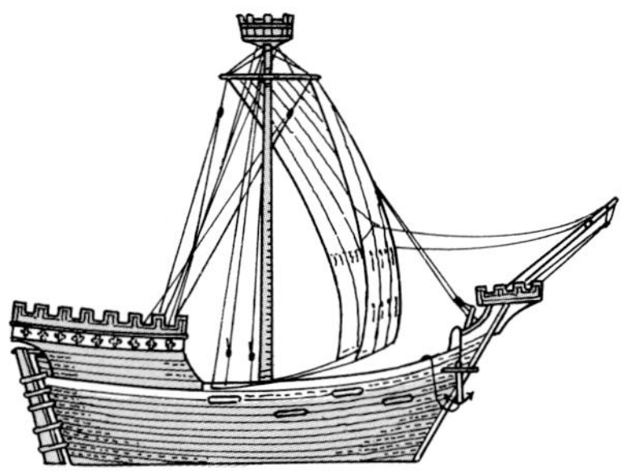

Kogge aus Nordeuropa

Mediterrane Kogge
(Mittelmeerkogge)

Galeone

Schonerbrigg

Brigantine

Korvetten-Fregatte

Klipper

Schiff

Die Kogge wurde sowohl als Handelsschiff wie auch als Kriegsschiff benutzt. Als Kriegsschiffe wurden sie mit Ballisten, Katapulten und später mit Geschützen (Bombarden und Feldschlangen) ausgerüstet. Gemäß eines sehr umstrittenen genuesischen Dokumentes aus der Mitte des 15. Jahrhunderts haben sich im Laufe der Jahre die Maße der Kogge vergrößert; sie konnte bis zu 1500 Tonnen Ware transportieren und verfügte über eine Besatzung bis zu 130 Mann. Aber normalerweise überschritt ihre Nutzlast 150 Tonnen nicht, und das Schiff wurde auch von nicht mehr als 30 Mann manövriert. Wahrscheinlich ist die letzte Kogge mit ihrer charakteristischen bauchigen Form im Jahre 1604 abgetakelt worden.

Die Karavelle

Sie ist das Schiff, das eng mit dem Namen von Christoph Kolumbus verbunden ist. Der Begriff Karavelle erschien erstmals im 13. Jahrhundert. Mit ihm waren kleine Boote gemeint, die für die Fischerei oder für die Küstenfahrt vorgesehen waren. Schrittweise wurden unter dieser Bezeichnung bis Anfang des 15. Jahrhunderts immer größere Schiffe gebaut. Wenn man über Karavellen sprach, meinte man immer ein Schiff mit rundlichem Schiffsrumpf, abgerundetem Bug, plattem Heck und drei mit Lateinsegeln versehenen Masten und einer Verdrängung zwischen 30 und 60 Tonnen. In der zweiten Hälfte des 15. Jahrhunderts begann man, das Schiff für die Ozean-Navigation umzurüsten. Die Initiative ging hauptsächlich von seiten der Portugiesen aus. Die Tonnage stieg bis auf 200 Tonnen. Aus offensichtlich praktischen Gründen wurden Kastelle auf das Achterdeck gebaut, und auf einigen Schiffen wurde ein vierter Mast am Bug hinzugefügt, der mit Rahsegeln versehen war. Viele Einzelheiten über den Bau dieser Schiffe sind bekannt, andere jedoch kaum. Auf zahlreichen Gemälden und Stichen finden

Um die Segel zu setzen, muß die Besatzung noch heute auf die Webeleinen aufentern, sich auf die Rah strecken, auf die Fußpferde gehen und die Zeisinge lösen. Danach öffnen sich die Segel, indem die Schoten und die Halsen vom Oberdeck getreidelt werden.

Das Segel

A. Rahsegel
B. Klüver
C. Lateinsegel
D. Gaffelsegel

1. Rah
2. Vorstag
3. Schrägrah
4. Baum
5. Gaffel
6. Rahliek
7. Brasse
8. Geitau
9. Segelbahnen
10. Reffbänder
11. Achterliek
12. Unterliek
13. Segelhals
14. Schothorn
15. Niederholer

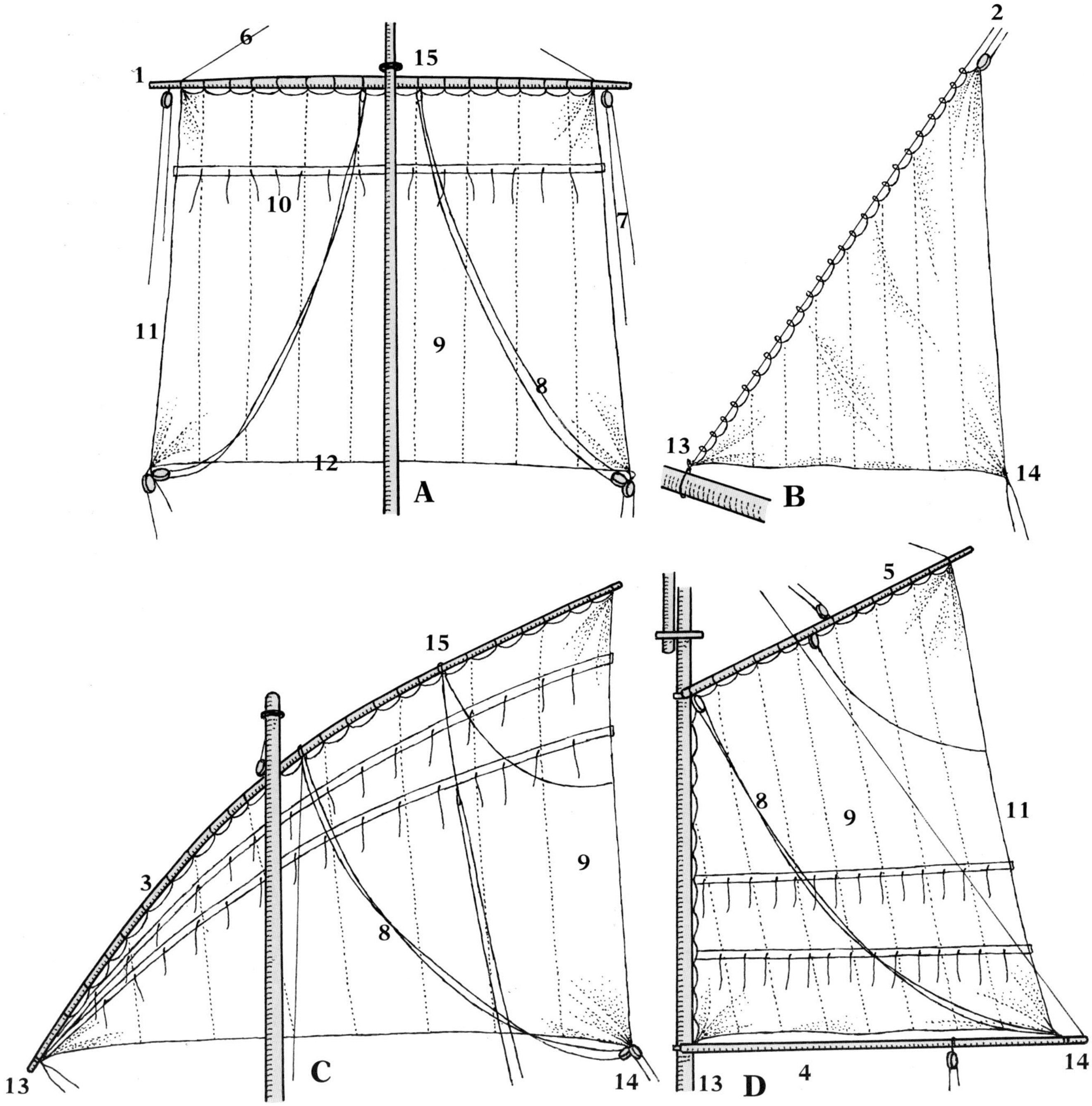

sich niemals zwei vollkommen gleiche Schiffsrümpfe. Für eine der Konstruktionsregeln, die nur das Verhältnis »3:2:1« verrät, gibt es bis heute keine eindeutige Erklärung. Das heißt, man weiß nicht, ob sich diese Angaben auf Länge, Breite und Tiefgang oder auf Länge von Bug bis Heck, Länge in der Wasserlinie und Tiefgang bezieht.

Trotz dieser Wissenslücken sind sowohl im Jahre 1892 als auch 1992 die Karavellen *Niña* und *Pinta* sowie die *Naõ Santa Maria* aus dem Jahre 1492 rekonstruiert worden und haben die Überfahrt von Europa nach Amerika mit zahlenmäßig gleicher Besatzung wie ihre berühmten historischen Vorbilder durchgeführt.

Auch Vasco da Gama hat im Jahre 1497 die Karavelle für seine Expedition benutzt, auf der er Afrika umschifft und die Küsten Indiens erreicht hat. Haben vielleicht diese Entdeckungen und denkwürdigen Reisen den Ausschlag dafür gegeben, daß die Karavelle dank ihres geringen Tiefgangs und ihrer guten Manövrierfähigkeit weit verbreitet war, obgleich viele Änderungen wegen der unterschiedlichen Aufgaben nötig waren? Gegen Mitte des 17. Jahrhunderts fand man sie auch auf den nördlichen Meeren, aber von der ursprünglichen Karavelle war nur die Form des Schiffsrumpfes geblieben, da die Segelstruktur beträchtlich verändert worden war. Die Karavelle wurde auch als Kriegsschiff eingesetzt. In den spanischen und portugiesischen Flotten bis Ende des 17. Jahrhunderts finden sich hierfür zahlreiche Beispiele.

Die Karracke

Dieser Schiffstyp, der größtenteils von der Kogge abstammt, war erstmals in der zweiten Hälfte des 15. Jahrhunderts — vor allem dank der Spanier und Portugiesen — erschienen, die durch Entdeckungsfahrten über die Meere neue Ländereien gewinnen und Handelsbeziehungen aufbauen wollten.

Die Franzosen haben diesen Schiffstyp *caraque*, die Engländer *carrack*, *carrick* oder *carrock*, die Deutschen *Karacke*, die Holländer *karaken* und die Spanier *carraca* genannt. Auch wenn der Name wahrscheinlich aus der arabischen Sprache (haraqa = Brander) stammt, hat er trotzdem einige sprachliche Verbindungen mit dem Lateinischen *navis carricata*, weil das Schiff für den Transport größerer Ladungen geeignet war.

Die Karracke hatte zwei von Bug bis Heck durchgehende Brücken, und auch das Achterdeck und das Bugkastell, die wesentliche Bestandteile des Schiffsrumpfes darstellten, waren mit untereinander verbundenen Brücken versehen. Die Karracke besaß normalerweise drei Masten, wobei der Großmast wesentlich höher als der Fockmast war. Beide Masten waren mit Rahsegeln und der Kreuzmast mit Lateinsegeln ausgerüstet. Gelegentlich war die Karracke auch mit einem zusätzlichen vierten Mast zum Heck hin ausgestattet, Bonaventuramast genannt, der auch mit Lateinsegeln versehen war.

Die Besatzung steht auf den Rahen, bereit für die »Hurra«-Rufe.

Manchmal braucht man Stunden auf den Rahen, um die Segel zu ordnen oder die Manöver zu kontrollieren, aber nicht immer ist das Meer so ruhig.

Enorm waren auch die baulichen Veränderungen: Die Beplankung des Schiffsrumpfes wurde durch Verstrebungen verstärkt; durch sogenannte Haken oder Rüsteisen wurden die Wanten an bestimmten aus dem Schiff hervorstehenden Zwischendecks befestigt. Zu den Untersegeln, d.h. den unteren Rahsegeln, kamen die Marssegel, und auf die Stenge, die ganz oben auf den Hauptmasten aufgesetzt war, kamen kleine Segel mit der dazugehörigen Rah hinzu.

Unter dem Bugspriet, das fast horizontal herausragte und aus dem das Stag kam, das mit der Fockmastspitze verbunden war, wurde ein kleines viereckiges Segel gesetzt, Bugsprietsegel genannt, das die Manövrierfähigkeit des Schiffes verbesserte.

Obwohl die Kolumbus- und Vasco-da-Gama-Schiffe meistens als Karavellen bekannt waren, behaupten viele Historiker, daß die *Santa Maria* und die *Saõ Raffael* Karracken waren. Die Tragfähigkeit solcher Schiffe schwankte zwischen 200 und 600 Tonnen. Es gab aber auch weitaus größere Schiffe, die 2000 Tonnen trugen und eine Besatzung von mehr als 250 Mann hatten.

Die Galeone

Ihr Name wurde sicherlich von den Rudergaleeren abgeleitet, die über mehrere Jahrhunderte die hauptsächlichen Kriegsschiffe in den Flotten stellten. Ihr Name wurde erstmalig in den »Annali genovesi« des 12. Jahrhunderts erwähnt. Hier wird eine große Galeere gezeigt, die von 60 bis 80 Ruderern bewegt wurde. Aber die Galeone, die wir meinen, ist das erste Mal im 16. Jahrhundert erschienen. Sie ist aus der Notwendigkeit entstanden, die langen Atlantikstrecken mit größeren, bequemeren Schiffen zu bewältigen, die allerdings eine geringere Geschwindigkeit hatten und besonders für Rückenwind geeignet waren. Die Galeone hat den langen Rammsporn der Galeere behalten, der als Unterstützung für das Bugspriet verändert wurde. Ihre Abmessungen waren größer als die der Karracke, nämlich bis 45 Meter lang und 10 Meter breit. Die Besatzung zählte bis 300 Mann. Normalerweise besaß die Galeone drei Masten mit sehr umfangreicher Segelfläche; drei Rahsegel sowohl auf dem Fock- als auch auf dem Groß- und Besanmast. Außer dem dreieckigen Lateinsegel wurde auch ein viereckiges Segel gesetzt. Das Untersegel am Großmast war sehr großflächig, es nahm fast 50 Prozent der Gesamtsegelfläche ein. Die Bug- und Heckkastelle waren sehr hoch und — insbesondere auf den spanischen Galeonen — mit vielen Dekorationen ausgestattet. Es gab zwei durchlaufende Decks: das Oberdeck, von dem aus alle Segelmanöver ausgeführt wurden, und das Batteriedeck, auf dem vor den dafür vorgesehenen Pforten ca. 20 schwere, großkalibrige Kanonen aufgestellt waren. Die sogenannten halben Schlangen dagegen, an Gewicht und Kaliber etwa die Hälfte, wurden auf dem Oberdeck aufgestellt. Auf dem Achterdeck und dem Kastell gab es einige kleinere schwenkbare und bewegliche Kanonen, sogenannte Drehbassen.

Zwischen Kriegs- und Handelsschiff bestand keine genauere Differenzierung. Die häufigen Angriffe der Seeräuber

zwangen auch die Frachtschiffe dazu, sich mit Kanonen auszurüsten. Sie dienten gleichermaßen zur Verteidigung und Abschreckung. Aus letzterem Grund wurden an den Handelsschiffen zur Täuschung an den Bordwänden teilweise Kanonenluken einfach aufgemalt.

Die Brigantine

Zu Anfang des 16. Jahrhunderts wurde mit Brigantine eine Art von Galeere, wahrscheinlich nördlichen Ursprungs, bezeichnet. Sie war mit 20 Ruderern und zwei Masten mit Lateinsegeln ausgerüstet. Mitte des 17. Jahrhunderts wurde mit diesem Begriff ein damals weitverbreiteter Schiffstyp bezeichnet, der eine Tonnage zwischen 150 und 300 Tonnen, einen ziemlich abgerundeten Schiffsrumpf mit durchlaufendem Deck und zwei gleichgroßen Masten aufwies. Der Fockmast hatte Rahsegel und der Großmast ein mit Gaffel und Baum ausgerüstetes Gaffelsegel, das Briggsegel. Nach dieser Bezeichnung kann man vermuten, daß das Segel seine erste Anwendung auf einer Brigantine hatte. Am Bug befand sich das klassische Bugsprietsegel.

Die Brigantine, die noch bis zum Beginn der Dampfschifffahrt im Einsatz war, hat im Laufe ihrer langen Existenz verschiedene bauliche Veränderungen erfahren. Anfangs wurde ihr Bugsprietsegel durch Klüver und Binnenklüver ersetzt, die auf dem Klüverbaum angebracht waren, der eine Verlängerung des Bugspriets darstellte. Am Ende des 18. Jahrhunderts setzte man ein Untersegel auf den Großmast, um die Segelfläche im Heck besser ausgleichen zu können und um eine höhere Geschwindigkeit zu erreichen. So entstand die Brigg, ein Schiffsrumpf mit schlanker und scharfer Linie, plattem Heck und scharfem Bug. Dieser Schiffstyp hatte enormen Erfolg und wurde von vielen als Krönung der Segelschiffe eingestuft, auch wenn dadurch die Brigantine nicht ganz verdrängt wurde, die man weiterhin baute. Ende des 19. Jahrhunderts wurden aufgrund der Entwicklung zu immer längeren Seereisen Schiffe mit höherer Tonnage erforderlich. Die Linien der Brigg wurden etwas rundlicher, die Zahl der Masten erhöhte sich von zwei auf drei. Dieses Schiff wurde Schonerbark oder Barkentine genannt. Fock- und Großmast waren mit Rahsegeln und der Besanmast mit einem Gaffelsegel, manchmal auch mit einem Gaffeltoppsegel, betakelt. Dieses Schiff verfügte über eine Tonnage bis zu 1500 Tonnen.

Eine andere Variante der Brigantine war die Schonerbrigg. Auf dem Fockmast hatte sie weitere Rahsegel, deren Anzahl nach und nach auf vier bis fünf gestiegen war. Auf dem Großmast befand sich ein großes Gaffelsegel, fast immer mit Gaffeltoppsegel gekoppelt. Der große Vorteil dieser Schiffe bestand darin, daß ein Großteil der Besatzung eingespart werden konnte, weil für das Manöver am Gaffelsegel weniger Männer gebraucht wurden. Wegen der aus dieser Besegelung aber resultierenden relativen Gefährlichkeit von Segelmanövern, immer wieder hervorgerufen durch die großen Gaffelsegel, blieb die Tonnage der Schonerbrigg auf einige

Auf den meisten Schulschiffen werden die Manöver auch heute noch allein von den Matrosen durchgeführt.

Wie eindrucksvoll ist es, das Schiff von oben anzuschauen, aber wie hoch können Masten sein, wenn man die Segel setzen muß!

hundert Tonnen begrenzt. Eine weitere Veränderung der Schonerbrigg bestand bei der Besegelung im oberen Fockmarssegel und zwei kleinen Rahsegeln auf dem Großmast. Die Klassifizierung dieser gemischten Brigantinetypen ist jedoch zum einen wegen der Vielfalt des Segelsystems, zum anderen wegen der Terminologie, die in den verschiedenen Sprachen oft unklar und unpräzise ist, nicht einfach.

Der Schoner

Dieses kleinste unter den Großsegelfahrzeugen stammt von den Bermuda-Inseln, wo es in der ersten Hälfte des 18. Jahrhunderts auftauchte. In Amerika wurde es unter dem Namen *schooner* bekannt. Sein Schiffsrumpf weist eine Besonderheit auf: Am Heck hat er einen wesentlich höheren Tiefgang, als auf den anderen Spanten des Kiels. Die Form des Schiffsrumpfes ist scharf und zugespitzt. Der Schoner hat zwei in Richtung Heck geneigte Masten, die mit Gaffelsegeln versehen sind, und ein Bugspriet mit mehreren Klüvern. Die erste Einheit der amerikanischen Marine wurde auf der Basis des Schoners aufgebaut. Auch auf den europäischen Meeren setzte sich dieser Typ schnell durch, vor allem auch bedingt durch amerikanischen Einfluß. Vom Schoner existieren mehrere Versionen, u.a. die Schonerbark mit einem dritten Mast, der Schoner mit Rahsegeln auf dem Fockmast, oder der Schoner mit Fockmarssegel und Bramsegeln über dem Gaffelsegel auf dem Fockmast.

Der Schoner wurde für verschiedene Zwecke genutzt, von der Fischerei im Atlantik bis hin zum Handelsverkehr. Zum letzteren Zweck wurden in Amerika Schoner auch mit sechs oder gar sieben Masten gebaut. Infolge einer relativ geringen Besatzungsstärke bestand jedoch aufgrund eingeschränkter Manövrierfähigkeit immer eine gewisse Gefährlichkeit. Die *Thomas W. Lawson* verfügte zum Beispiel über sieben Masten, eine Segelfläche von 3715 Quadratmetern und eine Tragfähigkeit von 7000 Tonnen. Die Besatzung dagegen bestand nur aus 16 Mann. Bei dieser Gelegenheit sei daran erinnert, daß der »America's Cup« seinen Namen von einem Schoner hat: Die *America* gewann 1851 die erste Regatta vor Cowes.

Die Bombarde

Sie war ein ganz besonderes Schiff. Anfangs wurde die Bombarde in geringer Anzahl nur für Kriegszwecke gebaut; später benutzte man sie für friedlichen Handelsverkehr. Die Bombarde ist nicht aus anderen Modellen heraus entwickelt worden, sie wurde aufgrund besonderer Erfordernisse gebaut. Man konnte an Bord mehrere große Geschütze zur Küstenbeschießung einbauen und verfügte gleichzeitig ein Schiff, das sehr handlich war. Diese Konstruktion wurde im Jahre 1682 vom französischen Schiffbauingenieur B. Renand entwickelt. Er hatte den Fockmast entfernt und auf der Bugseite eine große Luke angebracht, durch die die Mörser, die sich im Unterdeck befanden, abgeschossen werden konnten. Durch das Zurücksetzen des Großmastes, der direkten Ver-

bindung des Großmastes mit Bugspriet und den großen Vorsegeln, wurde das Aussehen des Schiffes unverkennbar. Der Großmast war weiter mit Rahsegeln ausgerüstet, und auf dem Besanmast wurden normalerweise ein Lateinsegel und Marssegel angebracht. Die erste gebaute Einheit nannte sich Bombarde, dieser Name wurde für diesen Schiffstyp beibehalten.

Korvette, Fregatte, Vollschiff

Diese Schiffstypen sind erstmals als reine Kriegsschifftypen entwickelt worden. Später, nach entsprechenden Änderungen, wurden sie auch in der Handelsschiffahrt eingesetzt. Speziell in der Blütezeit der Verwendung dieser Schiffstypen haben viele europäische und lateinamerikanische Dienstgradbezeichnungen für Marineoffiziere ihren Ursprung.

Die Klassifizierung der Kriegsschiffe wurde nach zwei Hauptkriterien vorgenommen: nach den Kanonen, die sie mitführten, und nach der Tonnage. Entsprechend diesen Merkmalen, ihrer Geschwindigkeit, Wendigkeit, Takelage erfolgte ihre operative Verwendung.

In der zweiten Hälfte des 17. Jahrhunderts hatten die Linienschiffe der 1., 2. und 3. Klasse (Vollschiffe), die die »Kampflinie« bildeten, eine Tonnage, die zwischen 800 und 2400 Tonnen schwankte. Sie waren mit 48 bis 110 Kanonen ausgerüstet. Die Schiffe der 4. Klasse (Fregatten), die Geleitzüge eskortierten und für Expeditionen in vom Feind beherrschten Meer verwendet wurden und eine Tonnage zwischen 600 und 750 Tonnen hatten, waren mit 36 bis 44 Kanonen bestückt. Die Schiffe der 5. Klasse (Korvetten), die für Aufklärungszwecke und als Verbindungsschiffe eingesetzt wurden, hatten bei einer Tonnage bis zu 550 Tonnen weniger als 35 Kanonen an Bord.

Die Verbesserung der Techniken im Schiffbau, die von den Schiffswerften streng geheimgehalten wurden, führten im Laufe der Zeit dazu, daß sich die Dimensionen der Kriegsschiffe und der anderen Schiffe vergrößerten. Ein Schiff mit den Größenmerkmalen 36 Meter lang sowie 9 Meter breit und mit 20 Kanonen ausgerüstet zählte zu den Schiffen der 3. Klasse, wurde 1760 als Fregatte und schließlich um 1840 als Korvette geführt.

Im Laufe von drei Jahrhunderten haben diese Schiffe viele Verbesserungen erfahren, sowohl am Schiffsrumpf als auch an der Takelage. Alle diese Schiffstypen waren immer mit Fock-, Groß- und Besanmast ausgerüstet. Weiter wurden eine vierte Rah und ein viertes Hochsegel hinzugefügt. Die Rahen wurden mit Fußpferden versehen, auf die sich die Matrosen mit den Füßen während des Seemanövers abstützten; auf größeren Schiffen wurden auch Stagsegel gesetzt. Als neue Waffe wurde die »Karronade« entwickelt, eine Kanone mit kurzer Reichweite, die nur drei Mann Bedienung benötigte und viel leichter als die bisherigen Kanonen war.
Wenn man im allgemeinen vom »Vollschiff« spricht, ist ein Wasserfahrzeug mit beträchtlichen Abmessungen gemeint. Es ist deshalb immer wichtig, genau anzugeben, von wel-

Die meisten Manöver müssen sehr rasch ausgeführt werden.

chem Schiff die Rede ist. Wir unterscheiden gemeinhin zwischen Segel-, Dampf-, Kriegs-, Handelsschiff, Fähre usw. Aber in der Welt des Segelns bedeutet der Ausdruck Vollschiff ein Schiff mit drei vollgetakelten Masten. Das Vollschiff verfügt außerdem über Stagsegel, Bugspriet und mehrere Klüver.

Seit dem Mittelalter wurde der Ausdruck Vollschiff für Schiffe auf allen Meeren der Welt gebraucht. Zur gleichen Zeit gab es aber die Bezeichnungen Ostschiffe (mit Lateinsegeln) und Westschiffe (mit Rahsegel), und bevor die Klüver (18. Jahrhundert) verwendet wurden, hatten die Vollschiffe am Bug ein Bugspriet- und Gegenbugsprietsegel.

Auch beim Vollschiff gibt es Varianten. Als man die Länge und die Tonnage vergrößern wollte, fügte man einen vierten Mast mit Rahsegeln zwischen dem Großmast und dem Besanmast hinzu. Dieses Schiff nannte man dann »Viermastbark«, wenn der Besanmast ein Gaffelsegel hatte. Es gab auch Schiffe mit fünf Masten: vier Masten mit Rahsegeln und auf den fünften wurde ein Gaffelsegel gesetzt, die sogenannte »Fünfmastbark«. Eine andere Variante, im Jahre 1840 in Italien erbaut, war die »Schonerbark«. Dieses Schiff wurde von Reedern bevorzugt, die Mannschaft einsparen wollten. Die Schonerbark hatte auf dem Fockmast Rahsegel und auf Groß- und Besanmast Gaffelsegel.

Der Klipper

Man behauptet, daß der Name »Klipper« ursprünglich zwei Bedeutungen hatte: eine aus dem Verb *to clip* (schneiden) abgeleitete und die andere aus der englischen Tradition, mit »Clipper« das Siegerpferd eines Rennens zu bezeichnen. Denken wir an die erste Abstammungsvariante, fällt uns die besondere Bugform des Klippers auf, die statt eine »U«- eine »V«-Form hatte, um die Wellen zu schneiden. In den mehr als 80 Jahren seiner hauptsächlichen Existenz wurde der Klipper durch einen schmalen Schiffsrumpf mit rasanten Linien, einen zum Bug verschobenen Hauptspant und durch eine hohe und komplizierte Bemastung mit einer großen Segelfläche gekennzeichnet.

Sein Entstehungsdatum ist umstritten, sein Ursprungsland ist die USA, und die Konstruktion wurde stark beeinflußt von den Brigantinen aus Baltimore und den Fregatten aus Blackwall. Der Klipper hatte verschiedene Aufgaben zu erfüllen. Die ersten dieser Segler wurden zwischen 1830 und 1850 für den Transport von Opium zwischen Bengalen und China eingesetzt. In den Jahren von 1845 bis 1860 wurden die amerikanischen *tea clippers* gebaut, die zwischen den chinesischen und amerikanischen Häfen fuhren. Im Jahre 1845 wurde die *Rainbow*, 750 Tonnen, vom Stapel gelassen; von vielen als erster echter Klipper angesehen. Dann kamen zwischen 1850 und 1875 die englischen »tea clippers«, die längere und rasantere Schiffsrümpfe als die amerikanischen hatten. Gleichzeitig fuhren in den Jahren von 1820 bis 1865 auch Klipper, die Passagiere beförderten. Einige von ihnen nannte man »packets«; sie überquerten innerhalb von 15 bis 20 Tagen den Atlantik zwischen Europa und der Ostküste Amerikas. Die letzte Gruppe in der chronologischen Reihenfolge der Klipper sind die »colonial clippers«, die in den Jahren von 1865 bis 1890 die Geschäftsverbindungen mit Australien, Neuseeland und Tasmanien gesichert haben.

Zu den kommerziell ausgerichteten Wünschen nach immer kürzeren Fahrzeiten kam rasch eine Art Wettkampf dazu. Die Klipper fingen an, regelrechte Geschwindigkeitswettbewerbe zu veranstalten, die im allgemeinen »tea races« genannt wurden. Die Segelschiffe, beladen mit der neuen Tee-Ernte, liefen etwa gleichzeitig von verschiedenen Häfen Chinas aus, sahen sich meist während der Überfahrt nicht und trafen sich erst wieder, wenn die britische Küste in Sicht kam. Sie schafften es, in etwas weniger als 100 Tagen im jeweils englischen Zielhafen festzumachen. Es kam sogar vor, daß einige von ihnen mit der gleichen Flut — also innerhalb von 6 Stunden — einliefen! Die »tea races« waren echte Geschwindigkeitswettbewerbe, an denen z.B. im Jahre 1870 27 Klipper teilnahmen. Viele von ihnen erlangten durch die in dieser Zeit erreichten Geschwindigkeits- und Fahrrekorde Weltruhm.

Die Dschunke

Sie ist ein typisch chinesisches Fahrzeug, das im gesamten Mittleren Osten und in Fernost weit verbreitet ist. Während die vorher beschriebenen Schiffe einen Schiffsrumpf hatten, der durch Tragbalken und Schiffsrippen zusammengehalten wurde, erhält der Rumpf der Dschunken zusätzliche Festigkeit durch viele Schotten. Das Schottensystem gewährleistet zudem eine relative Sicherheit, was sie in diesem Punkt den europäischen Schiffen überlegen machte.

Die Segel, »chinesische Luggersegel« genannt, überwiegend aus Matten konstruiert, werden in Paneele aus langen horizontalen Rohren geteilt. Der Schiffsrumpf ist sehr bauchig, jedoch außerordentlich spitz gegen den Bug. Die Abmessungen sind sehr unterschiedlich. Im Durchschnitt sind sie bis zu 30 Meter lang und 7 Meter breit. Es gibt aber auch weit größere Dschunken. Die kleineren haben kein durchgehendes Deck von Bug bis Heck, aber sie sind stets mit einem Aufbau versehen, der sich normalerweise in der Mitte des Schiffes befindet. Von hier aus wird navigiert, und von hier werden auch die Segel kontrolliert.

Noch heute kann man die Dschunken im Einsatz sehen. Sie haben im Laufe vieler Jahrhunderte die meisten ihrer Identitätsmerkmale fast unverändert beibehalten. Von geringeren Abmessungen — aber genauso wichtig für die Schiffahrt auf den östlichen Meeren — ist die chinesische *Sampan* mit fast flachem Schiffsrumpf und einem großen viereckigen Segel. Außerdem gibt es im asiatischen Raum die *Pattamar*, typisch für Ceylon, mit zwei in ihrem Winkel veränderbaren Masten mit dreieckigen Segeln; die malaiische und javanische *Parao* mit zwei Masten und dreieckigen Segeln, die einer Kreuzung aus Latein- und Luggersegel entsprechen.

Die Kontrolle der Segel muß ständig und sorgfältig ausgeführt werden. Auf den nächsten Seiten ist die Takelage der *Kaiwo Maru* zu sehen.

Die heutigen Segelschiffe

In den vergangenen Jahrhunderten wurde der Seemann auf und vom Meer erzogen. Wenn er sich auf einem der großen Segelschiffe einschiffte, war er noch kein junger Mann, aber auch kein Kind mehr. Als Vierzehnjähriger, oft auch als Zwölfjähriger, wurde er von seinen Eltern — wenn er nicht gar von zu Hause weggelaufen war — dem Reeder oder dem Kommandanten des Schiffes anvertraut. Dann begann er auf dem Schiff mit den anstrengenden Arbeiten eines Schiffsjungen, leistete seinen Dienst rund um die Uhr und mußte oftmals lernen, Gewalttätigkeiten und sehr rauhe Umgangsformen zu ertragen. Indem er an Bord aufwuchs und lebte, lernte er das Meer zu lieben und auch zu fürchten. Je nach Intelligenz, Fähigkeiten und Begabungen konnte er Bootsmann, Offizier oder eventuell auch Kommandant werden.

Seit der Mitte des 20. Jahrhunderts begann man langsam damit, das Leben auf See zu regeln. Die Schiffe hatten nachts

Nur die erfahrenen Männer an Bord der stolzen Segler wissen, welche der vielen Taue nötig sind, um ein Stagsegel besser setzen zu können. Die Stagsegel sind dreieckige Segel.

bestimmte Beleuchtungen anzubringen, die Ladung durfte nicht die vorgegebene Grenze überschreiten, die Heuer der Seeleute durfte eine bestimmte Summe nicht unterschreiten und die Decksoffiziere mußten adäquate und spezifische Kenntnisse vorweisen, um einen höheren Rang bekleiden zu können. Das Patent zum Kommandanten konnte durch schriftliche und mündliche Prüfungen erlangt werden, wobei man langjährige Erfahrung auf See voraussetzte. Die kürzeste Bord- und Lehrzeit, um Offizier der englischen Handelsmarine zu werden, betrug drei Jahre und vier Monate. Als die Segler immer mehr den maschinengetriebenen Schiffen weichen mußten, wurden bei der Offiziersanmusterung die Leute von Segelschiffen bevorzugt; sie bekamen auch eine höhere Heuer. In der Dampfschiffahrt war die Nachfrage nach Offizieren, die auf einem Segelschiff ausgebildet worden waren, bald so groß, daß eine englische Schiffahrtsgesellschaft, die einen Passagierdienst nach Australien unterhielt, im Jahre 1888 zwei Schiffe nur für die Ausbildung von 100 Kadetten umbaute. Jeder Kadett bezahlte 250 Pfund für fünf Reisen. Das war der Beginn der Segelschulschiff-Ära.

Bis auf die englische Kriegsmarine, die trotz ihrer großen Vergangenheit 1918 diese Schulungsart beendete, haben sich im 20. Jahrhundert alle großen Handels- und Kriegsmarinen dafür entschieden, Segelschulschiffe einzusetzen. Der Bedarf an Schulschiffen zeigte sich aber schon früher. Als erstes Schulschiff der Welt kann man wohl die schwedische Brigg *Carl Johan* bezeichnen, die bereits im Jahr 1849 für diesen Zweck eingesetzt wurde.

Im Jahre 1881 wurde mit Hilfe einer beträchtlichen Summe, die ein Sponsor zur Verfügung stellte, nach dem das Schiff dann auch benannt wurde, ein kleines norwegisches Schulschiff gebaut: die *Christian Radich.* Der dänische Reeder Carl Frederic Stage brachte 1882 die Geldmittel für den Bau eines Schiffes zur Schulung der Offiziere der Handelsmarine auf; er taufte dieses Schiff auf den Namen seines Sohnes *Georg Stage.* Einige Marinen haben ihre vorhandenen Segelschiffe zu Schulschiffen umgerüstet, wie dies z.B. mit der italienischen *Amerigo Vespucci* geschah. Andere haben neue Schiffe bauen lassen, so z.B. in Argentinien, wo die *Presidente Sarmiento* als neues Schulschiff eingesetzt wurde. Portugals Marine hatte seit 1924 die deutsche *Rickmer Rickmers* verwendet und dann die erste *Sagres* bauen lassen. In Dänemark lief 1907 die *Viking* vom Stapel, die 1928 durch das Schulschiff *Kobenhavn* ersetzt wurde.

Zwischen den beiden Weltkriegen stieg die Anzahl der Schulschiffe. Einen besonders großen Auftrieb erfuhr der Schulschiffbau in Deutschland, wo man den Bau von fünf Einheiten plante, um Kadetten zu schulen: 1933 die *Gorch Fock* (heute unter russischer Flagge als *Tovarisch*), 1936 die *Horst Wessel* (heute unter US-Flagge als *Eagle*), 1938 die *Albert Leo Schlageter* (die heutige portugiesische *Sagres II*) und 1938 die *Mircea*, die im Auftrag für Rumänien gebaut wurde. Das fünfte Schiff, die *Herbert Norkus*, befand sich noch im Bau, als der Zweite Weltkrieg begann. Sie wurde deshalb nicht mehr fertiggestellt. Im Jahre 1958 wurde nach ihren alten Bauplänen eine neue *Gorch Fock II* gebaut, die zur Zeit das Schulschiff der deutschen Bundesmarine ist. All diese Schiffe, bekannt als die »Fünf Schwestern«, nehmen nach Möglichkeit an jeder Regatta teil. Der »Challenge Cup«, die bedeutendste Trophäe der Segelwettbewerbe, ist heute im Besitz der *Gorch Fock II.* Auch in anderen Staaten entstanden neue Schulschiffe: In Italien die *Cristoforo Colombo* (1928) und eine neue *Amerigo Vespucci* (1931), in Dänemark für die Handelsmarine die *Danmark* (1933), in Norwegen die »vierte« *Christian Radich* (1937) und die neue *Georg Stage* (1934), während die vorherige in *Joseph Conrad* umbenannt wurde, in Spanien die *Juan Sebastian de Elcano* (1927) und in Japan die *Kaiwo Maru* sowie die *Nippon Maru* (1930).

Nach dem Zweiten Weltkrieg verlagerte sich der Bauboom von Segelschiffen nach Südamerika. Chile war hierbei das erste Land und ließ im Jahr 1952 in Spanien die *Esmeralda* bauen. Dann wurde 1958 in Argentinien die *Libertad* vom Stapel gelassen. In einer spanischen Schiffswerft wurden dann vier ähnliche Einheiten gebaut: 1968 die *Gloria* für Kolumbien, 1978 die *Guayas* für Ecuador, 1980 die *Simon Bolivar* für Venezuela und die *Cuauhtemoc* für Mexiko.

In der Zwischenzeit sind zwei der imposantesten Segel-Handelsschiffe, die je auf Ozeanen gefahren sind, wieder aufgetaucht: die *Padua*, ursprünglich für den Nitrattransport gebaut, und die *Magdalene Vinnen.* Das erstgenannte Schiff hat nach fast fünf Jahren Umbauzeit seinen typisch schwarz-weißen Schiffsrumpf, das aufgemalte Portenband, behalten und fährt unter russischer Flagge als *Krusenstern.* Das zweite, das als größtes Segelschulschiff der Welt gilt, ist die *Sedov.* Jedes dieser beiden Schiffe kann etwa 160 Kadetten zur Ausbildung aufnehmen.

In den achtziger Jahren hielten es einige Marinen für notwendig, Schiffe zu erneuern oder neue Schulschiffe zu bauen. Die Sowjetunion (Rußland) ließ vier Segelschiffe vom Stapel: *Mir* (1987), *Droujiba* (1989), *Khersones* (1990) und *Pallada* (1991); Japan die *Nippon Maru II* (1984), *Kaiwo Maru II* (1989) und *Kanrin Maru* (1990); Polen die *Dar Mlodziezy* (1981) und die *Fryderik Chopin* (1990) sowie Neuseeland die *Spirit of New Zealand* (1986). Australien hatte 1986 von Großbritannien die *Young Endeavour* als Geschenk erhalten.

Es ist unmöglich, all die schönen alten und neuen Segelschiffe, die heute fahren, zu beschreiben. Mit den Abbildungen des Buches wird ein umfangreicher Überblick über die prachtvollen Segler ermöglicht. Für diese Auswahl wurden vier Kriterien angewendet: ein Schiff pro Land; Baujahr vor 1980; Länge über 70 Meter; Verwendung als staatliches Schulschiff.

Schulschiffe

Alle hier alphabetisch aufgeführten Schiffe sind selbstverständlich mit einem Hilfsmotor ausgerüstet, damit im Hafen leichter manövriert werden kann. Außerdem dient die Ma-

Die Ruder der *Gorch Fock*, des Schulschiffes der deutschen Bundesmarine: Ist kein Servomotor vorhanden, wird das Ruder oftmals sehr schwergängig. Um die zwei, drei oder vier miteinander verbundenen Ruder bewegen zu können, sind dann mehrere Männer nötig.

Die Zahl der Ruder ist von der Größe des Ruderblatts und dem verwendeten Übertragungssystem abhängig. Die Ruder der *Sagres* (oben) und der *Danmark*.

schine im Notfall zur Vermeidung von Kollisionen und wird auch bei Überführungen sowie beim Einlaufen in den Hafen benutzt. Alle Schiffe sind während ihrer Reisen häufig auch Ort für repräsentative und diplomatische Veranstaltungen. Nachdem sie im Hafen eingelaufen sind, folgt für die Besatzungen meistens ein sehr umfangreiches offizielles Besuchsprogramm.

In den folgenden Textabschnitten werden die Motoren allerdings nicht erwähnt, weil sie nicht zum Thema Segeln gehören.

Amerigo Vespucci (Bilder auf Seite 4 ff).

Schulschiff der italienischen Kriegsmarine, im Jahre 1931 bei der Schiffswerft in Castellamare di Stabia (Neapel) vom Stapel gelaufen. Der Schiffsrumpf aus vernietetem Stahl ist 83 Meter lang und 16 Meter breit. Die gesamte Länge inkl. des Bugspriets erreicht 101 Meter. In den Sommermonaten werden die Kadetten der Klasse I der Marineakademie von Livorno auf 4 bis 6 Monate dauernden Schulungstörns ausgebildet. Beim Entwurf des Schulschiffes hat man sich von den Segelschiffen des 19. Jahrhunderts inspirieren lassen. Von daher stammen der massive Bau (4100 Tonnen) und die charakteristische Bemalung mit schwarzen und weißen Streifen. Auch die Bemastung ist klassisch. Die *Vespucci* ist als Vollschiff mit drei Masten (Fock-, Groß- und Besanmast) ausgerüstet, jeder mit fünf Rahsegeln bestückt, dazu kommen das Bugspriet mit vier Klüvern und auf dem Besanmast das Gaffelsegel mit Baum und Gaffel. Vier Stagsegel und zwei Flieger vervollständigen die Takelage von 2832 Quadratmetern. Die besondere Farbe der Segel kommt vom Bramtuch, aus dem sie schon seit Jahrhunderten angefertigt werden. Der Großmast, der höchste Mast, ist 54,5 Meter lang, man kann ihn aber verkürzen, indem man die zwei oberen Rahen an Deck bringt und den oberen Teil des Mastes, die Stenge, niederholt. Die Besatzung zählt 330 Mann, die meisten von ihnen haben die Aufgabe, die Takelage zu bedienen. Am Ende ihres Akademie-Jahres werden etwa hundert Kadetten eingeschifft; für die meisten ist es die erste Begegnung mit dem Meer. Der Heimathafen der *Vespucci* ist La Spezia, wo in den Wintermonaten die jährlichen Wartungsarbeiten durchgeführt werden. Dabei werden sämtliche Taue ausgewechselt und Holzteile, wenn nötig, instandgesetzt. Die erste *Vespucci* war ein Kreuzer mit Takelage, auch sie diente viele Jahre lang als Schulschiff. Im Jahre 1927 wurde sie von zwei weiteren Schulschiffen abgelöst, der *Cristoforo Colombo* und der zweiten *Amerigo Vespucci*. Seit 1931 haben beide Schulschiffe jedes Jahr mehrere Ausbildungsfahrten mit Offiziersanwärtern der Klassen I und II durchgeführt. Die *Cristoforo Colombo* wurde 1946 der damaligen Sowjetunion als Kriegsentschädigung übergeben. Im Jahre 1972 wurde sie abgetakelt und abgewrackt.

Christian Radich (Bild auf Seite 86 und 87).

Norwegen, ein Seefahrerland im reinsten Sinne des Wortes, hat unter seinen verschiedenen Nautikschulen eine sehr alte, die »Ostlandet Skoleskibs« in Oslo, wo künftige Offiziere der

Handelsmarine studieren. Die *Christian Radich* ist Eigentum dieser Schule. Das Schiff wurde im Jahre 1937 in Sandefjord auf der Schiffswerft Framnaes Mek von Werkstad gebaut. Die *Christian Radich* ist ein als Vollschiff ausgerüsteter Dreimaster mit einem Schiffsrumpf aus Stahl, der 62,5 Meter lang und nur 9,5 Meter breit ist. Die Gesamtlänge des Schiffes beträgt mit Bugspriet 72,5 Meter. Das Schiff hat eine sehr schlanke Form, die äußerst hohe Geschwindigkeiten zuläßt. 1956 hat sie die erste von der S.T.A. organisierte Regatta von Torbay bis Lissabon gewonnen. Die Verdrängung beträgt 676 Tonnen, der Tiefgang 4,5 Meter. Das Segelwerk umfaßt 15 Rahsegel, fünf Klüver, sechs Stagsegel und einen Besan mit Gaffelsegel; die Gesamtsegelfläche beträgt 1234 Quadratmeter. Die ständige Besatzung besteht aus 15 Mann (6 Offizieren und 9 Unteroffizieren). In Schulungstörns, die in der Nordsee, im Atlantik und im Mittelmeer stattfinden, werden ca. 90 männliche und weibliche Kadetten im Alter zwischen 15 und 18 Jahren eingeschifft. Die erste *Christian Radich* lief im Jahre 1882 vom Stapel. Nach dem ersten Schiff wurden noch drei weitere gleichen Namens für den gleichen Zweck gebaut: Bei jungen Menschen die Liebe zum Meer zu wecken und zu verstärken und ihnen durch eine solide Ausbildung an Bord die Möglichkeit zu geben, ihre Nautikkenntnisse zu verbes-

Auf den größeren Schiffen gibt es zwei Kommandobrücken; eine für die Manöver und eine für die Segelnavigation. Ein Matrose am Ruder der *George Stage* (oben). Das Ruderhaus der *Juan Sebastian de Elcano*.

sern und das in die Praxis umzusetzen, was man ihnen in der Schule theoretisch beigebracht hatte.

Danmark (Bilder auf Seiten 90 und 91).

Sie wurde im Jahre 1933 auf der Werft Nakskow Schibs, Nakskow gebaut. Die *Danmark* fährt unter dänischer Flagge und dient zur praktischen Vorbereitung junger Leute beiderlei Geschlechts, die bei der Marine Karriere machen wollen. Ihr scharfer Schiffsrumpf, in dem man zum Teil die Linie von alten Klippern wiederfindet, ist 64 Meter lang, besteht aus Stahl und hat eine Verdrängung von 790 Tonnen. Die Gesamtlänge des Schiffes mit Bugspriet beträgt 77 Meter. Aus dem Deck aus Teakholz, das ca. 10 Meter breit ist, ragen drei Masten: Fock-, Groß- und Besanmast. Die *Danmark* ist als Vollschiff ausgerüstet, die Segelfläche beträgt 1640 Quadratmeter. Das Schiff hat eine Stammbesatzung von 20 Mann (Offiziere und Unteroffiziere) und kann ca. 80 Kadetten zur Ausbildung aufnehmen. Der Ausbruch des Zweiten Weltkrieges überraschte die *Danmark* in einem amerikanischen Hafen, wo sie bis 1945 blieb. In dieser Zeit wurden auf dem Schiff 5000 Kadetten der nordamerikanischen Küstenwache ausgebildet. Die *Danmark* ist Eigentum der Stiftung Georg Stage. Die Stiftung wurde von einem vom Meer begeisterten Dänen gegründet, der im Jahre 1882 viele seiner Landsleute davon überzeugen konnte, den Schulschiffbau zu subventionieren. Die Stiftung besitzt noch ein anderes, kleineres Schulschiff, das mit gleicher Sorgfalt und zum gleichen Zweck gebaut wurde. Mehrere hundert junge Dänen hatten, nach einer sehr strengen Auslese, bereits die Chance, eine aufregende und lehrreiche Zeit an Bord dieses Schiffes zu verbringen.

Dar Pomorza (Bild auf Seite 92).

Dieses Schiff wurde 1910 in Hamburg auf der Schiffswerft Blohm & Voss für die deutsche Handelsmarine gebaut und zur Ausbildung junger Offiziere eingesetzt.

Später mußte sie als Kriegsentschädigung an Frankreich abgegeben werden und wurde auf den Namen *Colbert* umgetauft. Frankreich, das Polen zu der Zeit sehr verbunden war, gab das Schiff zu einem äußerst günstigen Preis an Polen ab. Anfangs nannte sie sich *Pomorze*, später *Dar Pomorza*, was soviel wie »Pommerngeschenk« bedeutet. Ihr Schiffsrumpf ist aus Stahl, inkl. Bugspriet 91 Meter lang und 12,6 Meter breit. Die *Dar Pomorza* ist als Vollschiff ausgerüstet und hat drei Masten, 14 Rahsegel (das 15. Segel, das Untersegel des Besanmastes, fehlt auf diesem Schiff), vier Klüver am Bug und sechs Stagsegel. Die Segelfläche beträgt 1900 Quadratmeter. Die Besatzung besteht aus 12 Offizieren und 27 Matrosen. Normalerweise werden ca. 150 Kadetten eingeschifft. Die Verdrängung beträgt 1566 Tonnen. Das Schiff wurde von der Wyzsza Szkola Morska in Gdynia verwaltet, die sie einsetzte, um die Kadetten der polnischen

Hier eine Glocke des polnischen Schiffes *Dar Pomorza*.

Die Glocke wird oft zum Symbol des Schiffes. Oben die Glocke der *Malcolm Miller*, unten die der portugiesischen *Sagres*.

Handelsmarine auszubilden. Viele Jahre hat sie Polen bei den verschiedenen Regatten vertreten, wo sie stets das älteste Schulschiff war. Zur Zeit dient sie als Museumsschiff und wurde als Schulschiff durch die neue *Dar Mlodziezy* ersetzt.

Eagle (Bilder auf Seiten 94 und 95).

Zwischen den beiden Weltkriegen wurden vier deutsche Segelschulschiffe gebaut, am Ende des Zweiten Weltkrieges mußten sie als Kriegsentschädigung an die Siegerländer abgegeben werden. Die USA bekamen die 1936 gebaute *Horst Wessel.* Dieses Schiff wurde, wie die anderen auch, in Hamburg bei Blohm & Voss vom Stapel gelassen. Der Schiffsrumpf besteht aus Stahl, ist 80,7 Meter lang (plus 9 Meter Bugspriet), hat eine max. Breite von 12 Metern und eine Verdrängung von 1869 Tonnen. Das Schiff ist eine Bark mit zwei Vordermasten und einem Besanmast. Als Segel führt es 10 Rahsegel, ein Besansegel, eine Bramstenge mit Gaffel- und Gaffeltoppsegel, fünf Klüver am Bug und sechs Stagsegel. Die Segelfläche beträgt 1980 Quadratmeter. Nach der Übergabe an die USA wurde das Schiff modernisiert und wird heute als Schulschiff der Küstenwache verwendet. Die ständige Besatzung zählt 65 Mann, während der Schulungsfahrten kommen ca. 120 Offiziersanwärter beiderlei Geschlechts hinzu. Normalerweise unternimmt das Schulschiff jährlich zwei Kreuzfahrten über fünf Wochen im Dienste der Küstenwache und drei Kreuzfahrten über jeweils eine Woche im Dienst der U.S. Naval Academy. Heimathafen der *Eagle*, ehemals *Horst Wessel*, ist New London. Dank der charakteristischen roten Streifen am Schiffsrumpf und des goldenen Adlers als Galionsfigur, die dem Schiff seinen Namen gab, ist es auch schon von weitem zu identifizieren.

Esmeralda (Bilder auf Seiten 68 und 100 bis 103).

Gleich nach dem Zweiten Weltkrieg, als an Bord der Segelschulschiffe die auf der Schulbank der verschiedenen Marineakademien oder Nautikschulen gelernte Theorie praktisch ergänzt wurde, entschloß auch Chile sich, ein entsprechendes Schiff anzuschaffen. Man entschied sich für die *Don Juan de Asturia*, die im Auftrag der spanischen Marine gebaut wurde. Das Schiff war seit 1946 im Bau. Als *Esmeralda* 1952 vom Stapel gelassen, wurde sie 1954 von Chile übernommen. Die Viermast-Schonerbark hat einen Schiffsrumpf aus Stahl und mißt 94,1 Meter, inkl. Bugspriet sogar 113 Meter. Die max. Breite beträgt 13 Meter, die Verdrängung 3670 Tonnen. Die Linie des Schiffsrumpfes und die Takelage sind zum großen Teil den Entwürfen zur *Elcano* entnommen. Auf dem Fockmast gibt es vier Rahsegel und auf den anderen drei Masten große Gaffelsegel mit Baum und Gaffel und Gaffeltoppsegel. Die Gesamtsegelfläche mit Klüver, Stagsegel und 15 weiteren Segeln, die man noch setzen kann, beträgt 2852 Quadratmeter. Die Stammbesatzung zählt 157 Mann, bestehend aus Offizieren, Unteroffizieren und Matrosen. Zur Schulung werden ca. 180 Kadetten eingeschifft. Die Galionsfigur am Bug stellt einen Kondor dar, der das chilenische Staatssymbol ist (Bild auf Seite 67).

Gloria (Bilder auf Seiten 114 bis 116).

Am Bug dieses Schiffes symbolisiert eine in Holz geschnitzte vergoldete Frau mit Flügeln den Namen des Schiffes. Diese Bark, auf der Schiffswerft Celaya von Bilbao gebaut, ist die erste einer Serie von vier Schiffen, die die gleiche Schiffswerft für südamerikanische Marinen baute. Die *Gloria* wurde 1968 auf Bestellung der kolumbianischen Kriegsmarine vom Stapel gelassen. Der Schiffsrumpf, der eine harmonische und rasante Linie hat, ist 64,6 Meter lang (mit Bugspriet 76 Meter), 10,6 Meter breit und hat eine Verdrängung von 1300 Tonnen. Die Takelung besteht aus einem Fock- und einem Großmast mit je fünf Rahsegeln sowie einem Brammast mit einem großen Gaffel- und einem Gaffeltoppsegel. Zwischen den Masten sind sechs Stagsegel gesetzt, und auf dem Bugspriet zudem fünf Klüver. Die gesamte Segelfläche beträgt 1400 Quadratmeter. Die Stammbesatzung besteht aus 15 Offizieren und 45 Unteroffizieren und Matrosen. Zu den Ausbildungsfahrten werden ca. 90 Kadetten der Marineakademie eingeschifft. Durch das rundliche Heck, das höhere Achterdeck und die Kommandobrücke in der Mitte des Schiffes ist die *Gloria* unter den Schiffen ihrer Klasse leicht zu erkennen.

Gorch Fock (Bilder auf Seiten 120 und 121).

1957 versank etwa 600 Seemeilen westsüdwestlich der Azoren während eines Hurrikans die *Pamir* mit ihrer 86 Mann starken Besatzung — überwiegend Offiziersanwärtern — von der lediglich sechs Mann gerettet werden konnten. Sie war als frachtfahrende Viermastbark ein Handelsschiff mit glorreicher Vergangenheit, ehe sie als Schulschiff der deutschen Handelsmarine verwendet wurde. Da ein Schulschiff für die Ausbildung der Matrosen notwendig war, ließ die Bundesmarine ein neues Schiff bauen. Für die Konstruktion dienten die Baupläne, die bereits 1930 für vier deutsche Segelschiffe benutzt wurden. So lief 1958 wiederum bei der Schiffswerft Blohm & Voss, Hamburg, die Bark *Gorch Fock* vom Stapel. Sie ist 89,3 Meter lang (inkl. 8 Meter Bugspriet), 12 Meter breit und hat eine Verdrängung von 1870 Tonnen. An ihren drei Masten können zehn Rahsegel, vier Klüver, sechs Stag-, Gaffel- und Gaffeltoppsegel mit einer Gesamtsegelfläche von 1952 Quadratmetern gesetzt werden. Aus Offizieren, Unteroffizieren und Matrosen setzt sich eine Stammbesatzung von 69 Mann zusammen. Außerdem können 180 Kadetten an Bord genommen werden, die zum Teil Offiziers- und Unteroffiziersanwärter auf Zeit sind. Es ist das zweite Schiff der deutschen Kriegsmarine unter dem Namen *Gorch Fock*. Die erste *Gorch Fock* fährt zur Zeit unter ukrainischer Flagge und wurde 1947 in *Tovarisch* umgetauft. Auch dieser Segler wurde seinerzeit als Ersatz für das gesunkene Schulschiff *Niobe* gebaut.

Guayas (Bild auf Seite 123).

In der Mitte der siebziger Jahre gab die ecuadorianische Kriegsmarine den Bau eines Segelschulschiffes in Auftrag.

Die Glocke der norwegischen *Statsraad Lehmkuhl*.

Die Glocke der *Shenandoah*.

Ein Block, an dem dieser Matrose der *Unicorn* die Wartung durchführt, dient dazu, die Taue besser zu führen. Der Block erhält seinen Namen nach der Form (z.B. Patentblock). Er kann bis zu drei koaxiale Seilführungsscheiben haben.

Weil man von den optimalen Ergebnissen der kolumbianischen *Gloria* begeistert war, hatte man die *Guayas* auf der Schiffswerft Celaya in Bilbao nach den *Gloria*-Bauplänen in Auftrag gegeben. Sie lief am 20.10.1976 vom Stapel und wurde nach einem legendären Indio-Führer benannt. Das Schiff ist eine Bark, die 78,40 Meter lang und 10,2 Meter breit ist und eine Verdrängung von 1400 Tonnen hat. Das 14 Meter lange Bugspriet konstruierte man länger als bei der *Gloria*, um das Schiff weniger luvgierig zu machen. Auf dem Fockmast und auf dem Großmast sind je fünf Rahsegel befestigt; auf der Bramstenge — besser auch Besanmast genannt — ist ein großes Gaffelsegel mit Gaffeltoppsegel aufgesetzt. Mit noch vier Klüvern und sechs Stagsegeln beträgt die Gesamtsegelfläche 1555 Quadratmeter. Die Stammbesatzung von 90 Mann besteht aus Offizieren, Unteroffizieren und Matrosen. In der Sommerzeit werden 80 Kadetten der ecuadorianischen Marineakademie zur Schulung eingeschifft.

Juan Sebastian de Elcano

(Bilder auf Seiten 136 bis 138).

Nach dem Ersten Weltkrieg, als die Segelschiffe nicht mehr so wichtig für den Handel waren, erkannte Spanien als eines der ersten Länder die Notwendigkeit, Segelschulschiffe für die Nachwuchsschulung einzusetzen. So wurde im März 1927 die *Juan Sebastian de Elcano* vom Stapel gelassen und auf den Namen des Kommandanten der Karracke *Victoria* getauft, die von der Magellan-Expedition im Jahre 1519 als einziges von fünf Schiffen nach Spanien zurückgekehrt war. Die *Juan Sebastian de Elcano* ist ein Toppsegelschoner. Auf dem Fockmast können außer einem großen Untersegel noch drei weitere Rahsegel angebracht werden. Auf den anderen drei gleichlangen Masten gibt es drei große Gaffelsegel, die überragt werden von einem dreieckigen Gaffeltoppsegel. Drei Stagsegel und vier Klüver ergänzen die Segelfläche von 2500 Quadratmetern. Der Schiffsrumpf inkl. Bugspriet ist 106,80 Meter lang, 13,10 Meter breit und hat eine Verdrängung von 3750 Tonnen. Der Heimathafen ist Cadiz, von wo in der Sommerzeit für viermonatige Törns — manchmal auch länger — ca. 100 Kadetten der Escuela Naval eingeschifft werden. Wenn die Kadetten ihr Studium noch nicht abgeschlossen haben, studieren sie an Bord weiter; denn auch die Lehrer für verschiedene Fächer werden mit eingeschifft. Die feste Besatzung zählt 243 Mann. Im Vergleich zu anderen Schulschiffen ist die *Juan Sebastian de Elcano* zudem eine Art schwimmendes Museum, auf dem wertvolle historische Nautiquitäten untergebracht sind.

Kaiwo Maru (Bilder auf Seiten 126 bis 128).

Auch Japan hat, wie die westlichen Länder, schon frühzeitig die Bedeutung von Schulschiffen erkannt. 1930 wurden fast gleichzeitig die *Nippon Maru* und die *Kaiwo Maru* vom Stapel gelassen. Die Schwesterschiffe sind als Viermastbark ausgerüstet, mit Rahsegeln auf den ersten drei Masten (5 + 5 + 5) und einem Gaffelsegel auf der Bramstenge. Der Schiffsrumpf aus Stahl ist 93,5 Meter lang (plus 3,5 Meter Bugspriet) und 13 Meter breit und hat eine Gesamttonnage von 2285 Tonnen. Die Segelfläche, die außer den bereits genannten Segeln noch vier Klüver am Bug und sechs Stagsegel umfaßt, beträgt 2345 Quadratmeter. An Bord ist eine feste Besatzung von 70 Mann, dazu kommen jeweils 120 Offiziersanwärter der Handelsmarine. Beide Schiffe, die jahrelang auf allen Weltmeeren segelten, wurden in den achtziger Jahren durch zwei andere Schulschiffe gleichen Namens und ähnlicher Beschaffenheit ersetzt. Die beiden neuen Schiffe, 1984 (*Nippon Maru*) und 1989 (*Kaiwo Maru*) vom Stapel gelassen, die jeweils 111 Meter lang und 14 Meter breit sind und eine Tonnage von 2570 Tonnen haben, sind auf den ersten Blick fast identisch. Nach sorgfältiger Prüfung aber erkennt man, daß durch den Einsatz neuester technischer Hilfsmittel auf der *Kaiwo Maru* eine wesentlich kleinere Besatzung für die Schiffsführung nötig ist.

Libertad (Bilder auf Seiten 142 bis 145).

Dieses Schulschiff der argentinischen Kriegsmarine ist ein als Vollschiff ausgerüsteter Dreimaster. Die *Libertad* wurde in Ensenada, Provinz Buenos Aires, auf der Schiffswerft Astilleros Rio Santiago di Ensenada gebaut und am 30.05.1956 vom Stapel gelassen. Mit dem Bugspriet (12 Meter) ist sie fast 104 Meter lang, 14 Meter breit und ihr Schiffsrumpf aus Stahl hat eine Verdrängung von 3720 Tonnen. Auf den 50 Meter hohen Masten befinden sich 27 Segel, die wie folgt aufgeteilt sind: fünfzehn Rahsegel, fünf Klüver, sechs Stag- und ein Gaffelsegel mit einer Gesamtsegelfläche von 2652 Quadratmetern. Die *Libertad* ist ein sehr schnelles Schiff. Während einer ihrer Rekord-Atlantiküberquerungen — von Kap Race in Kanada bis Liverpool — die 8 Tage und 12 Stunden dauerte, erreichte sie zeitweise eine Geschwindigkeit von 18,5 Knoten. Die Besatzung zählt 270 Mann, 120 davon sind normalerweise Kadetten. Der Heimathafen des Schulschiffes ist Buenos Aires, das auch Heimathafen des älteren argentinischen Schulschiffes *Presidente Sarmiento* war. Die *Presidente Sarmiento* wurde 1898 ursprünglich für Großbritannien gebaut. Dieses heute aus dem Schuldienst entlassene Schiff war ein Segelkriegsschiff, das nach mehreren Umbauten von 1925 bis zum 26.01.1961 für die argentinische Marine gefahren ist.

Sagres II (Bilder auf Seiten 162 bis 165).

Sie wurde in Deutschland bei Blohm & Voss gebaut. Das 1937 vom Stapel gelaufene Schiff wurde als Schulschiff für die Ausbildung künftiger Offiziere der deutschen Kriegsmarine eingesetzt. Der ursprüngliche Name dieser Bark war *Albert Leo Schlageter*. Rund 90 Meter lang — inkl. Bugspriet — und 12 Meter breit, hat sie eine Verdrängung von 1869 Tonnen. Auf ihren drei Masten (Fock- und Großmasten) sind zehn Rahsegel, vier Klüver, vier Stagsegel und auf der Bramstenge zwei sich überlagernde Gaffelsegel angesetzt, die eine

Am Mastfuß werden die Taue für sämtliche Segelmanöver aufgeschossen.

Gesamtsegelfläche von 1935 Quadratmetern ergeben. Als das Schiff noch unter deutscher Flagge fuhr, hatte sie nur zwei Atlantik-Reisen gemacht; danach blieb sie als stationäres Schul- und Büroschiff bis 1946 an der Ostseeküste liegen, wo sie im gleichen Jahr wie die *Horst Wessel* (heute als *Eagle* bekannt) Kriegsbeute der USA wurde. Die USA gaben dann die spätere *Sagres II* an Brasilien ab, wo sie, ebenfalls als Schulschiff, bis 1961 unter dem Namen *Guanabara* fuhr. Danach wurde das Schiff an Portugal übergeben und ersetzte als *Sagres II* die *Sagres I*, die im gleichen Jahr abgetakelt wurde. Die *Sagres I* wurde in Deutschland unter dem Namen *Rickmer Rickmers* gebaut und verdrängte als Dreimaster 3067 Tonnen. Die *Sagres II* hat eine Besatzung von 165 Mann, darunter 8 Offiziere und 90 Kadetten der portugiesischen Kriegsmarine. Auf ihren Segeln trägt sie das lusitanische rote Kreuz, wodurch sie auch von weitem leicht zu erkennen ist. Ihre Galionsfigur stellt »Dom Enrique« dar, den Infanten von Portugal, der in Sagres residierte und dort 1430 ein Zentrum für Seefahrer und Kartographen gründete.

Sedov (Bild auf Seite 167).

Sie ist das größte Segelschiff, das heute fährt. Diese Viermastbark, 127 Meter lang und fast 20 Meter breit, wurde 1921 als *Magdalene Vinnen* in Kiel gebaut. Ab 1936 hieß sie *Kommodore Johnsen* und wurde im Handelsverkehr eingesetzt. Im Winter 1949 kam das Schiff nach Großbritannien, das es 1950 als Beuteanteil an die damalige Sowjetunion übergab. Seit Anfang der 80er Jahre ist die *Sedov* wieder in Dienst gestellt. Die Besatzung zählt 70 Mann und 165 Offiziersanwärter der Handelsmarine, die eine praktische Ausbildung an Bord erhalten. Das Schiff verdrängt 3476 Tonnen. An Segelwerk kann man 16 Rahsegel, fünf Klüver am Bug, sechs Stagsegel sowie ein Gaffel- mit entsprechendem Gaffeltoppsegel am Heck setzen. Die gesamte Segelfläche — die größte aller Segelschiffe, die heute noch auf See sind — beträgt 4200 Quadratmeter. Zur Zeit fährt sie unter russischer Flagge. Die *Sedov* wurde nach Georgij Jakovlievic Sedòv (oder Siedòv) benannt; er war ein Meeres- und Nordpolforscher, der im Jahre 1914 starb.

Simon Bolivar (Bilder auf Seiten 170 und 171).

Diese in Venezuela gebaute Bark bildet die Kadetten der eigenen Kriegsmarine aus. Ihr Name leitet sich vom »Libertador« ab, d.h. dem Mann, der Lateinamerika von der spanischen Fremdherrschaft befreit hat. Der »Libertador« bildet auch das Vorbild für die Galionsfigur. Die *Simon Bolivar* wurde 1979 in Cadiz auf der Schiffswerft Celaya gebaut. Sie ist das dritte aus einer Serie von vier Schiffen, die nach gleichen Bauplänen entstanden. Die ersten beiden Schiffe dieser Baureihe waren *Gloria* und *Guayas*, die vierte schließlich die *Cuahtemoc*, die für die mexikanische Kriegsmarine gebaut und 1982 vom Stapel gelassen wurde. Die *Simon Bolivar* hat eine Länge von etwas mehr als 82 Metern,

Das Ankerspill der *Elcano*. Rechts: Die Segelschiffe haben oft sehr schwere Anker, die durch viele Drehungen des Ankerspills gelichtet werden müssen. Das Spill der *Shenandoah*.

ist 10,4 Meter breit und weist eine Verdrängung von 1260 Tonnen auf. Die Besatzung besteht aus 17 Offizieren, 24 Unteroffizieren, 51 Matrosen und ca. 90 männlichen und weiblichen Kadetten. Auf den zwei Vormasten sind Rahsegel (5 + 5) und auf der Bramstenge ein großes Gaffel- mit entsprechendem Gaffeltoppsegel gesetzt. Mit ihren vier Klüvern und vier Stagsegeln macht die gesamte Segelfläche 1850 Quadratmeter aus.

Tovarisch (Bilder auf Seiten 178 bis 181).

Sie wurde 1933 in Hamburg gebaut. Zuerst fuhr sie als *Gorch Fock* für die deutsche Kriegsmarine; 1947 wurde das auf Grund gesetzte Schiff wieder gehoben, instandgesetzt und als Kriegsentschädigung an Rußland abgeführt. 1951 erfolgte dann die Indienststellung. Zwischenzeitlich kam es immer wieder zu umfangreichen Umbau- und Erneuerungsarbeiten. Die *Tovarisch* war bis zum Zerfall der Sowjetunion als Schulschiff für Offiziersanwärter der sowjetischen Handelsmarine eingesetzt. Jetzt fährt sie für die ukrainische Marine. Die *Tovarisch* ist eine Bark mit einem Schiffsrumpf aus Stahl, der 82 Meter lang und 12 Meter breit ist und sie hat eine Verdrängung von 1800 Tonnen. Zur Stammbebesatzung zählen 45 Mann. Dazu können für die Ausbildung bis zu 140 Kadetten an Bord genommen werden. Die Segelfläche, die aus zehn Rahsegeln, vier Klüvern, sechs Stagsegeln und am Heck aus einem Gaffel- und Gaffeltoppsegel besteht, umfaßt 1860 Quadratmeter. Die *Tovarisch* ist eine der sogenannten »Fünf Schwestern«, die zwar alle zu verschiedenen Zeiten, aber nach den gleichen Plänen gebaut worden sind. Bei jeder Regatta findet ein echter Wettkampf zwischen diesen Schiffen — *Tovarisch, Eagle, Sagres II, Gorch Fock II* und *Mircea* — statt. Und die Siegeschancen sind dabei für alle fünf gleich groß.

Nachfolgend einige Segelschiffe, auf die die anfangs erwähnten Auswahlkriterien nicht zutreffen. Dennoch verdienen sie es, erwähnt zu werden.

La Belle Poule und **L'Etoile**
(Bilder auf Seiten 82 und 104).

Auf diesen zwei französischen Schulschiffen werden die Offiziersanwärter der französischen Kriegsmarine ausgebildet. Beide Schiffe sind aus Holz; sie wurden 1932 in Fécamp von der Schiffswerft Chantiers Naval de Normandie gebaut und sind zwei klassische Toppsegelschoner, so, wie man sie auch für die Hochseefischerei vor Neufundland einsetzte. Sie sind jeweils 32,2 Meter lang, 7,4 Meter breit und verdrängen 275 Tonnen. Die Besatzung zählt 20 Mann inkl. 3 Offiziere.

Einzige größere optische Veränderung gegenüber den Fischereischonern ist, daß man die Rahsegel (oder die Fockmarssegel) auf den Rahen zusammenrollen kann. Die Schoner haben jeweils sieben Segel: drei Klüver, zwei Rah-, zwei Gaffel- und Gaffeltoppsegel und mit insgesamt 424 Quadratmetern Segelfläche.

Capitan Miranda (Bild auf Seite 84).

Das Schiff wurde 1930 auf einer Schiffswerft in Cadiz als Handelsschiff für die kleine und mittlere Küstenfahrt gebaut. In dieser Funktion fuhr sie fast dreißig Jahre. Im Jahre 1960 wurde die *Capitan Miranda* von der uruguayischen Kriegsmarine gekauft und in ein Schiff für hydrographische Forschungen im Seegebiet vor den Küsten Mittelamerikas umgebaut. 1978 hat sie radikale Umbauarbeiten — auch an der Bemastung — über sich ergehen lassen müssen und wurde zum Schulschiff der Kriegsmarine umfunktioniert. Sie ist ein Dreimastschoner, 62 Meter lang und 8 Meter breit, der bei allen Regatten dabei ist und oft die »Popularitätspalme« für Fröhlichkeit und Freundlichkeit der Besatzung einheimst. Die Stammbesatzung aus Offizieren und Unteroffizieren zählt 45 Mann, hinzu kommen 60 Offiziersanwärter der uruguayischen Kriegsmarine.

Falken/Gladan (Bilder auf Seiten 107 und 111).

Sie sind zwei Schoner der schwedischen Kriegsmarine, die zur Schulung von Offiziersanwärtern verwendet werden. 1947 wurden sie in Stockholm im Abstand von vier Monaten vom Stapel gelassen. Die Schoner sind jeweils 34,2 Meter lang, 7,2 Meter breit und haben eine Verdrängung von 232 Tonnen. Die Segelfläche beträgt 680 Quadratmeter. Für die Manöver ihrer neun Segel benötigt sie eine feste Besatzung

Auf dem Bild ein Detail der *Unicorn*: Die Befestigung der Wanten am Schiffsrumpf durch Rüsteisen.

von 7 Mann, dazu kommen zur Ausbildung ca. 30 Kadetten. Diese Kadetten gehören nicht immer zur Kriegsmarine. Aber während der Sommermonate werden beide Schiffe nur zu Schulungszwecken im Dienste der Kriegsmarine eingesetzt. Ansonsten werden die Schiffe zusammen mit der Stammbesatzung Stiftungen oder nautischen Instituten zur Verfügung gestellt oder sie laufen mit privaten Besatzungen zu Kreuzfahrten in den Atlantik aus.

Shabab Oman (Bild auf Seite 168).

Sie ist das größte ganz aus Holz gebaute Schiff, das heute noch auf See fährt. Ihr Name bedeutet soviel wie »Jugend von Oman«. Das Schiff dient zur Ausbildung junger Leute aus Oman während ihrer Marineakademie-Zeit, bevor sie Offiziere der Kriegsmarine des Sultanats werden. Das Schiff wurde 1971 in Schottland auf der Schiffswerft Buckie für »Dulverton Trust« gebaut und auf den Namen *Captain Scott* getauft. 1979 wurde es vom Sultan von Oman gekauft, umbenannt und als Schulschiff eingesetzt. Die *Shabab Oman* ist ein Dreimastschoner, mit 52 Meter lang und 8,5 Meter breit, einer Verdrängung von 380 Tonnen. Die Segelfläche beträgt 845 Quadratmeter. Aufgrund der für den Schiffsrumpf verwendeten Baumaterialien kostet der Unterhalt infolge relativ häufiger Reparaturarbeiten viel Geld. So lag das Schiff 1992 lange Zeit in einer Schiffswerft im Mittelmeer, wo 30 Prozent seiner Beplankung ersetzt werden mußte. Es hat eine feste Besatzung von 20 Mann, hinzu kommen noch 30 Kadetten. Auf den weißen Segeln trägt die *Shabab Oman* in rot die Symbole des Sultanats — gekreuzte Blankwaffen. Mit ihrer ständigen Teilnahme an den wichtigsten Regatten der STA erinnert sie die Welt an die große Seefahrertraditionen Omans, des Sultanats am Persischen Golf, wo der legendäre Sindbad der Seefahrer zu Hause war.

Young Endeavour (Bild auf Seite 184).

1986 feierte Australien mit einer großen Parade von Segelschiffen aus aller Welt die zweihundertste Wiederkehr seiner Entdeckung. Bei dieser Gelegenheit schenkte Großbritannien diesen Schonerbrigg Australien, um die starke Bindung zwischen beiden Ländern zu unterstreichen. Die *Young Endeavour* hat eine sehr moderne Linie, ist 42 Meter lang und verdrängt 175 Tonnen. Sie ist im Besitz der australischen

An den Pollern werden die großen Leinen belegt. Die Poller (auf beiden linken Bildern die der *Sedov*) bestehen oft aus Messing. Rechte Spalte: Tauwerksarbeiten von Matrosen auf der *Sagres* zeugen von Kunstfertigkeit.

Regierung, wird als Schulschiff für männlichen und weiblichen Marinenachwuchs eingesetzt und kann bis zu 35 Mann aufnehmen. Ihre Takelage besteht aus fünf Klüvern am Bug, drei Rahsegeln auf dem Fockmast und Gaffel- und Gaffeltoppsegel auf dem Großmast. Zusammen mit zwei Stagsegeln beträgt die Segelfläche 350 Quadratmeter.

Mircea (Bilder auf Seiten 150 und 151).

Sie wurde 1939 in Hamburg auf der Schiffswerft Blohm & Voss gebaut und war das vierte aus einer Reihe von fünf gleichen Schiffen. Seit dem Stapellauf ist sie immer als Schulschiff des Nautischen Instituts von Constanza (Rumänien) benutzt worden. Nach dem Zweiten Weltkrieg war sie für kurze Zeit in sowjetischer Hand. Danach fuhr die *Mircea* als Schulschiff wieder unter rumänischer Flagge. 1966 lag sie längere Zeit bei ihrer Bauwerft; es wurden Reparatur- und Modernisierungsarbeiten durchgeführt. Vor der jetzigen *Mircea* existierte ein anderes Schiff gleichen Namens (1882 vom Stapel gelaufen) für ähnliche Aufgaben. Der Name *Mircea* stammt von einem rumänischen König, der im 13./14. Jahrhundert regierte. Das geschnitzte Porträt dieses Königs bildet die Galionsfigur des Schiffes. Die Bark ist 82 Meter lang (11 Meter Bugspriet), 12,5 Meter breit und hat eine Verdrängung von 1760 Tonnen. Die Besatzung zählt 90 Mann, hinzu kommen noch 120 Kadetten. Die Takelage besteht aus 23 Segeln und umfaßt eine Gesamtsegelfläche von 1748 Quadratmetern.

Die Segelvereinigung

Bernard Morgan war ein englischer Rechtsanwalt, der das Meer und die alten Windjammer liebte. Um die große Tradition der alten, vergangenen Segelschiffzeit lebendig zu halten, initiierte er im Sommer 1956 eine Regatta von Dorbay (England) nach Lissabon. 21 »Tall Ships« aus 11 verschiedenen Ländern nahmen daran teil. Es war wahrscheinlich die erste Windjammer-Regatta, die mit einem Kanonenschuß gestartet und beendet wurde.

Die Veranstaltung hatte dank Presse und Radio ein starkes Interesse in der Öffentlichkeit gefunden. Und eben diese Medien prägten den Begriff »Tall Ships' Race«. Nach dem großen Erfolg der Regatta entschied das Organisationskomitee, eine Vereinigung zu gründen. Sie nannte sich Sail Training Association (STA) und hatte den Zweck, weitere Wettbewerbe zu organisieren. Ursprünglich waren Regatten im Zwei-Jahres-Rhythmus geplant, doch der Erfolg und die Begeisterung waren so groß, daß heute jährlich Regatten stattfinden.

Sinn dieser Vereinigung ist es auch, »der Jugend in aller Welt die Chance zu geben, an einer dieser Regatten teilzunehmen«. Während ihres fast dreißigjährigen Einsatzes konnte die STA beobachten, wie das Interesse der »Tall Ships«-Freunde und der Verantwortlichen in den dazugehörigen Ländern oder Vereinigungen an solchen Veranstaltungen immer größer wurde und das ganz besonders auch bei den jungen Besatzungsmitgliedern, denn sie haben sowohl im Hafen als auch auf See und während organisierter Sportveranstaltungen auf anderen Teilnehmerschiffen die Chance, freundschaftliche Beziehungen aufzubauen und interessante

Das wertvolle Kompaß-Gehäuse der *Malcolm Miller*. Im Vordergrund ein modernes Instrument zum Messen der Windstärke.

Erfahrungen auszutauschen. Die Besatzungen, die regelmäßig an diesen Regatten teilnehmen, bilden vom Kommandanten bis hin zum jüngsten Mann eine große Völkerfamilie. Von allen von der STA organisierten Regatten sollen folgende drei besonders erwähnt werden: »Operation Sail« (OPSAL) 1976 vor New York anläßlich der Zweihundertjahrfeier der Vereinigten Staaten von Amerika; 1986, ebenfalls vor New York, zur Hundertjahrfeier der Freiheitsstatue; und schließlich dann 1992 die Regatta Cadiz – Puerto Rico anläßlich des fünfhundertjährigen Jubiläums der ersten Kolumbus-Reise in die Neue Welt. Dies war die bisher größte Regatta mit 31 Segelschiffen.

Viele Häfen bieten den »Tall Ships« ihre Gastfreundschaft an, weil das Interesse an diesen Schiffen immens groß ist. Vor den Schiffen bilden sich Besucherschlangen ohne Ende, die die Schiffe besichtigen wollen.

Die Messe, in der die Offiziere ihre Freizeit verbringen, muß gemütlich, praktisch und repräsentativ sein. Das »Beratungszimmer« (oben) und die Messe der *Elcano* (unten).

Die STA hat ihren Sitz in England. Mitglieder sind die jeweiligen Nationalen Vereinigungen: die amerikanische (ASTA), die deutsche (STAC), die australische (STAG) und viele andere. In nächster Zukunft wird wahrscheinlich auch eine Vereinigung im Mittelmeerraum gegründet.

Leben an Bord: Die Besatzung

Der Platz ist begrenzt, die Räume sind eng und Besatzungsmitglieder gibt es viele. Wie kann man diese drei Gegebenheiten, die das Leben an Bord nicht einfacher machen, zufriedenstellend unter einen Hut bringen? Wie verbringt der Matrose auf einem Segelschiff seinen Tag? Wie wird eine Besatzung zusammengesetzt? Diese und viele weitere Fragen werde ich versuchen, zu beantworten. Und auch die Frage, was es heute bedeutet, auf einem Segelschiff zu leben.

Das Wort Besatzung stammt vom französischen Wort »equiper« und bedeutete in alten Zeiten »sich einschiffen«. Die Erklärung im italienischen Lexikon »Zingarelli« lautet: »Gesamtheit der Unteroffiziere und Matrosen, die auf Handels- oder Kriegsschiffen angemustert haben, die unter dem Befehl der Bordoffiziere stehen.« Im französischen »Petite Larousse« heißt es dagegen: »Ensemble von Personal, das an Bord eines Schiffes ist, um die Manöver und den Dienst an Bord zu gewährleisten.« Von beiden Erklärungen ist vielleicht die zweite richtiger, weil es nicht so wichtig ist, wie sich die Mannschaft zusammensetzt, sondern zu welchem Zweck sie an Bord ist. Egal, ob Offizier oder Matrose, an Bord sind alle wichtig.

Der Kommandant (Kapitän). Vom Altertum bis zum 16. Jahrhundert erfüllte er die Funktion als Führer des ihm vom »Eigner« anvertrauten Schiffes. Er mußte nicht unbedingt Seemann und damit in der Lage sein, das Schiff mit eigenen Händen führen zu können. Deshalb befand sich an

Die Messe als zentraler Treffpunkt und Aufenthaltsraum der Besatzung, sowohl im Hafen als auch auf See. Hier die Einnahme des Mittagessens in der Messe der *Elcano*.

Die Hecklaterne der *Elcano* (oben).
Die künstlerisch gestaltete Wetterstation auf der *Gloria* (unten).

Bord immer auch ein »Steuermann«, der die normale Navigation überwachte, die Mannschaft anwies, die Segel setzen ließ und das Ruder kontrollierte. Im 15. Jahrhundert, als man lernte, für die Positionsbestimmung den Stand der Sonne zu nutzen, wurde für die Schiffsführung auch ein dritter Mann eingesetzt, der in der Lage war, alle hierfür nötigen Messungen und Berechnungen auszuführen. Ein anderes Besatzungsmitglied, das bei längeren Reisen benötigt wurde, um alle vorkommenden Ereignisse einzutragen und zu dokumentieren, war der »Schreiber«. Ende des 15. Jahrhunderts zwang die Komplexität des Seewesens die »Schiffsführer«, an einer Prüfung teilzunehmen, in der der Nachweis erbracht werden mußte, daß man ein Schiff tatsächlich führen konnte. Hierzu mußte man alle vorher beschriebenen Tätigkeiten gut beherrschen. Aus diesem Prüfungssystem heraus wurde dann der eigentliche Kommandant »geboren«. Ab Ende des 16. Jahrhunderts gab es den Kommandanten oder Kapitän als eingetragenen Beruf und seitdem haben sich nur wenige Dinge geändert. Auf See hat der Kommandant gegenüber allen, die auf seinem Schiff angemustert haben, die absolute Befehlsgewalt. Vielleicht hat sich der Stil geändert, in der diese Macht ausgeübt wird, aber das Konzept ist geblieben.

Der Kommandant ist derjenige, der alle Entscheidungen trifft, der die Verantwortung trägt und auch bei freudigen und traurigen Ereignissen ehrenvoll seinen Verpflichtungen nachzukommen hat. Er muß sehr große Fähigkeiten besitzen und menschlich absolut gefestigt sein, um diese große Verantwortung tragen zu können. Ob auf dem Schiff alles gut funktioniert, ist größtenteils von seinem Verhalten, seinen menschlichen Beziehungen und der Art seiner Befehlsausübung abhängig. Der Kommandant ist mit all seinen Gedanken, Verpflichtungen und Entscheidungen an Bord auf sich allein gestellt!

Der Erste Offizier. Wird auch Vizekommandant oder von den Angelsachsen »Executive Officer (XO)« genannt. Der Erste Offizier bildet die Verbindung zwischen Kommandant und Besatzung. Er sorgt dafür, daß die angeordneten Befehle und Weisungen in die Praxis umgesetzt werden und kümmert sich um den reibungslosen Ablauf des Bordlebens sowie um die Sicherheit des Schiffes und seiner Crew. Man kann ihn vielleicht mit dem Steuermann vergleichen, weniger spezialisiert, aber mit größerem Wirkungsbereich. Er muß methodisch und präzise vorgehen und großes Organisationstalent haben. Er ist derjenige, der den direkten Kontakt zu der Besatzung hat.

Die Offiziere. Ein Sprichwort sagt: »Um kommandieren zu können, muß man auch gehorchen lernen.« Wenn man dieses Sprichwort auf die Seefahrt anwendet, heißt es, daß man erst Kadett gewesen sein sollte, bevor man Offizier auf einem Segelschiff wird. Nur so versteht man die Problematik in ihrer Gesamtheit. Die Offiziere sind es, die das Schiff führen; jeder im Bereich seiner Zuständigkeit. Die Offiziere leiten auch die Segelmanöver. Ihnen ist eine Gruppe der Besatzung untergeordnet, die für die »Schiffsorganisation« verantwort-

lich ist. Deckoffiziere haben die Verantwortung für Navigation, Takelage und Seefunkinstrumente. Sie sind darüber hinaus für die Logistik, den Sanitätsbereich und das Funktionieren der Maschinen (Hilfsmotor, Klimatisierung, Kombüsen usw.) verantwortlich.

Die Unteroffiziere. Sie sind die Spezialisten. Jedem ist eine Gruppe von Matrosen untergeordnet. Auf den Segelschiffen ist der wichtigste und bedeutendste Unteroffizier der Bootsmann oder Oberbootsmann. Seine Aufgabe besteht darin, die Matrosen während der Arbeiten an den Tauen, der Bemastung, beim Segeln oder Ankern die richtigen Befehle zu geben. Dann folgt der Oberschiffskoch, der mit seinen Männern für die Lagerung des Proviants und für die Vorbereitung der Mahlzeiten in der Kombüse sorgt. Es ist an dieser Stelle nicht möglich, alle Unteroffiziere zu benennen, doch sollen noch der Oberzimmermann und der Obermechaniker erwähnt werden. Der erstgenannte ist für die Wartung, Bearbeitung und Reparatur aller Holz- und Metallteile an Bord verantwortlich; der zweite wartet mit seinen Männern den Hilfsmotor und alle Maschinen, die auf einem Segelschiff vorhanden sind.

Die Matrosen. Es sind freie Männer, die auf einem Segelschiff anheuern. Vom ersten Tag an wissen sie, wie wichtig und unersetzlich ihr Einsatz ist. Denn gerade auf Segelschiffen, wo alles oder nahezu alles durch Körperkraft bewegt wird, wo jedes einzelne Segel manuell gesetzt und geborgen wird, ist ihre Arbeit nicht hoch genug einzuschätzen. Ihr Ausbildungsstand und die Routine für die Durchführung ihrer Aufgaben wachsen von Tag zu Tag. Und jeder Matrose weiß um die Wichtigkeit seines Einsatzes zum Wohl des Schiffes. Heute führen sie zwar ein besseres Dasein als in der Vergangenheit, doch ihr Leben ist immer noch sehr hart!

Die Kadetten. Schulschiffe gibt es grundsätzlich nur wegen der Kadetten! Jedes Besatzungsmitglied setzt sich dafür ein, daß die Kadetten eine gute Ausbildung erhalten. Sie müssen Charakter und Körperkräfte stärken und sich ihrer eigenen Fähigkeiten bewußt werden. So mustern oft Jungen an und, idealerweise, Männer wieder ab. Neben den notwendigen normalen Arbeiten an Bord lernen sie auch die berufsbezogenen und praktischen Dinge, wie z.B. die Höhenmessung der Gestirne mit dem Sextanten oder die Berechnung astronomischer Punkte.

Tagesablauf und Schiffswache

Der Rhythmus an Bord wird wie in der Vergangenheit auch vom Glockenschlag geregelt. Jede halbe Stunde skandiert sie die Zeit und regelt so den Wachdienst. Nach der Glocke pfeift der diensthabende Bootsmann auch den Wachwechsel.

»Wache an Steuerbord, grünes Positionslicht gesichtet«, kommt eine Stimme aus dem Dunkeln. Danach melden sich die anderen Posten. In der Dunkelheit der Nacht wacht und

Im Laufe der Jahre werden diese Schiffe zu kleinen Museen. Auf dem Bild der Niedergang der *Esmeralda* (oben) und der Eingang zur Offiziersmesse der *Gloria* (unten).

beobachtet man mit bloßem Auge oder Fernglas jedes Licht, das am Horizont erscheint. Plötzlich ertönt eine Stimme vom Bug: »Schiff voraus.« Der Posten hat ca. 60 ° Steuerbord ein Licht entdeckt. Auf der Kommandobrücke wartete der wachhabende Offizier schon auf diese Sichtmeldung, denn auf dem Radargerät wurde bereits ein Ziel lokalisiert. Jetzt versucht auch er das Licht zu erkennen, um sicher zu sein, das beide Schiffe ihren Kurs beibehalten können, ohne sich zu nahe zu kommen. Ein Segelschiff hat immer Vorfahrt vor einem Motorschiff, da seine Manöver längere Zeit in Anspruch nehmen. Aber häufig ist besonders auf großen Tankern die Steuerautomatik eingestellt, die Brücke nur mit einem Mann besetzt, und nicht immer wird der Segler rechtzeitig erkannt. Ist das zu passierende Schiff ausgemacht, kann man durch die roten und grünen Positionslichter an Backbord bzw. Steuerbord dessen Kurs und die Art des anderen Fahrzeuges erkennen.

»Ja, ich hab's, es zeigt grün. Wir können beruhigt sein.« Auf dem Radar wird der Abstand gemessen. Wir sind rund vier Meilen entfernt; beide Schiffe laufen auf fast parallelem Kurs. Das Schiffsprofil ist nicht zu erkennen, dafür aber seine Positionslichter; das weiße Licht auf dem Mast und das grüne Steuerbordlicht haben den wachhabenden Offizier deutlich erkennen lassen, daß das entgegenkommende Objekt ein Schiff mit Maschinenantrieb ist, das uns an Steuerbord pas-

Die Räume der Besatzung sind gemütlich und praktisch. Links auf der *Elcano*. Seite 59: Eine Offizierskabine der *Unicorn*.

sieren wird. Die Wache von 0.00 Uhr bis vier Uhr morgens meldet keine besonderen Vorkommnisse. Das ist zwar die härteste Schicht, aber auch die ruhigste; hier hat man Zeit nachzudenken und kann der Phantasie freien Lauf lassen. Fast ein Drittel der Besatzung hält Wache; sie haben ihren Dienst um Mitternacht angetreten. Wer sich auf der Brücke oder an Deck befindet, ist stets bereit, auf Kommando des Offiziers oder Unteroffiziers eine Rah auszurichten oder eine Schot zu spannen, im Maschinenraum den Dieselmotor des Stromgenerators zu kontrollieren, auf Kontrollgang zu gehen oder in der Kombüse das Brot für den nächsten Tag zu backen.

»Deng-deng, deng-deng, deng-deng ...«, die Glocke schlägt. Noch eine halbe Stunde und dann ab in die Koje oder Hängematte, um bis acht Uhr morgens zu schlafen. Bald wird eine andere Wache, die noch schläft, geweckt und die jetzige ablösen. Wenn die Wache in drei Gruppen oder Schichten eingeteilt wird, kann man einen nahezu geregelten Schlaf haben. Ist die Wache aber nur in zwei Schichten eingeteilt, weil die Besatzung nicht so groß oder die Wetterlage besonders schlecht ist, wird das Leben an Bord tatsächlich hart. »Zwei Stunden schläft der Hahn, drei das Pferd, vier der Seemann, fünf der Student, sechs die Menschen, sieben die Schlafmützen und acht das fette Schwein.« Dieses Sprichwort gilt auf See!

Morgens um 8.30 Uhr sind alle auf der Matte: eine Wache hat vor einer halben Stunde ihren Dienst angetreten, die anderen beiden Gruppen haben soeben gefrühstückt; sie werden das Schiff säubern und aufräumen. Fast eine Stunde dauert diese Arbeit.

Um neun Uhr fängt das normale Bordleben an. Die Bootsmänner müssen das Oberbramsegel (das höchste Rahsegel auf dem Fockmast) reparieren; die Zimmerer sollen die Stufe des Achterdecks in Ordnung bringen; die Mechaniker sind damit beauftragt, den Ölverlust des Elektrogenerators zu beheben; die Köche backen eine Torte zum Geburtstag eines Kadetten und die Kadetten der Akademie nehmen am

Der Raum für die Sonntagsmesse, die seit eh und je Bestandteil des Bordlebens ist. Der Altar der *Elcano* und die Offizierssäbel (links S. 60), die bei vielen Marinen noch Bestandteil der Uniform sind.

Meteorologieunterricht teil. Man hat tatsächlich keine Zeit, um sich auszuruhen!

Das Mittagessen findet in zwei Gruppen statt; um zwölf Uhr die erste Gruppe, die Wache, und danach die beiden anderen Gruppen. Die Offiziere und die Unteroffiziere essen in der Offiziersmesse. Die restliche Besatzung und die Kadetten stehen mit einem Tablett in der Hand Schlange, wählen unter den angebotenen Gerichten — die an Bord für alle gleich sind — und gehen zum Essen in die entsprechende Messe. Danach hat man Zeit für einen kurzen Mittagsschlaf. Einige schlafen in der Kabine, in ihrer Koje oder in den Hängematten (fast immer die Kadetten)! Dann geht es wieder los. Die Schicht, die 8 Uhr morgens ihre Wache beendete, hat um 16 Uhr wieder Dienst. Eine andere übt den Rettungseinsatz beim »Mann-über-Bord-Manöver«! Zwischen 19 Uhr und 20.30 Uhr gibt es Abendessen. Um 20 Uhr findet eine Wachablösung statt. Das Bordleben wird immer mehr zur Routine. In der Morgen- und Abenddämmerung messen die Kadetten, die keinen Wachdienst haben, mit dem Sextanten die Höhe des Horizontwinkels an mindestens fünf Sternen und berechnen den Standort des Schiffes.

Freizeit ist knapp, aber wenn man will, kann man sie sich von seiner Schlafzeit abzwicken. Dann wird gelesen, alte Filme werden angeschaut, man kann Musik hören, Karten spielen oder man beschäftigt sich mit einem Hobby — Langeweile kommt keine auf!

Schulung

Bei der Anmusterung hat man auch fast immer ein wenig Angst vor dem Kommenden. Man ist beeindruckt von der Großartigkeit und Höhe der Masten. Der Gedanke, da oben arbeiten zu müssen und auch daran, wieviele Dinge man lernen muß, bevor alles klappt, läßt ein mulmiges Gefühl aufkommen. Wenig einladend wirkt die Enge der Kojen, in der kein Raum bleibt für persönliche Entfaltung. Und man fürchtet sich davor, seekrank zu werden. Wenn dann das Schiff das erste Mal die Leinen losmacht und auf hohe See geht, steigern sich die Ängste noch. Und nach dem ersten Seetag, besonders, wenn das Meer bewegt und das Wetter schlecht war, ist man davon überzeugt, es nicht zu schaffen! Die Hände sind gerötet, die Muskeln tun weh, und man hat nicht den Mut, den eigenen Spind zu öffnen; denn es ist so schwer gewesen, alle Sachen dort ordentlich zu verstauen. Die Seekrankheit gibt einem den Rest! Allein der Gedanke, unter Deck zu gehen, macht krank. Gott sei dank muß man nicht auf die Rahen klettern.

Nach fünfzehn bis zwanzig Tagen ist die Situation schon ganz anders. Mit Hilfe der älteren Männer an Bord und der Sicherheitsgurte hat man den Rausch ausgekostet, auf die Masten zu steigen; man hat gelernt, die Hängematte zu öffnen. Der Körper ist kräftiger geworden, die Hände sind rauher, und man fängt an zu begreifen, was passiert, wenn ein bestimmtes Tau gezogen wird.

Nach einem weiteren Monat sind die meisten Probleme überwunden. Das Schiff löst keine Angst mehr aus, man kennt die Namen aller Masten, Segel und Taue, die kilometerlang an Bord liegen. Man kann sogar unbefangen auf den Webeleinen in die Takelage entern und wetteifern, wer es als erster schafft.

Bei der Abmusterung fühlt man sich wie ein richtiger Seebär. Wieviel Zeit hat man da oben verbracht; dreißig, vierzig Meter über Deck, mit den Füßen auf den Fußpferden, mit dem Bauch auf den Rahen, um die Segel festzumachen! Es war schön! Unter der Aufsicht des Stammpersonals ist das Wissen, welches Tau zu ziehen oder abzufieren ist, zu einem Kinderspiel geworden. Und die Seekrankheit ist jetzt nur noch eine Erinnerung; es ist fast angenehm, in der Koje oder in der Hängematte zu liegen, während das Schiff schlingert und stampft. Und wieviel Platz ist jetzt im Spind!

Man hat schon viel gelernt, doch es gibt immer noch sehr viel dazuzulernen. Jeder Tag bringt neue Erfahrungen.

Galionsfiguren

Am Bug der Boote von sizilianischen Fischern sieht man noch heute häufig ein gemaltes Auge. Manchmal ist es ein stilisiertes Auge, dargestellt als eine Scheibe, oder auch aus zwei konzentrischen Kreisen oder durch ein Dreieck oder einen Stern. Gleiche Zeichnungen sind auch auf den Booten der portugiesischen, indianischen und chinesischen Fischer zu sehen; sie wurden wahrscheinlich auch auf den prähistorischen Booten benutzt. Forscher nennen es das apotropäische Auge, das Tausende von Jahren überlebt hat. Es gilt als Beweis des Aberglaubens, der seit jeher bei Seeleuten sehr ausgeprägt war. Das Auge sollte und soll das Boot schützen vor dem »bösen Blick« irgendeines unbekannten Ungeheuers oder einer Gottheit der Tiefe oder der Finsternis, die auf hoher See und weit entfernt von der zivilisierten Welt das Boot gefährden und die Besatzung verwirren könnte.

Aber neben dem anfangs gebräuchlichen Auge-Symbol hat der Seemann seit langem immer wieder nach Möglichkeiten gesucht, Schiffe zu schmücken und zu verzieren. Religion, Aberglaube und der Wunsch, dem Aussehen des Schiffes eine persönliche Note zu verleihen, bilden den Ursprung vieler bezaubernder Schnitzereien.

Auf den Sgraffito-Malereien von Bewohnern am Ufer des Onega-Sees (ca. 500 km nordwestlich von Moskau), sind am Bug der gezeichneten Schiffe Tierköpfe dargestellt; diese Darstellungen stammen aus der Jungsteinzeit (8. Jahrtausend vor Christus).

Die alten Ägypter hatten außer Nachbildungen von Tierköpfen am Bug ihrer Schiffe auch Nachbildungen von Pharaonenköpfen (Tempel von Seti I, Abydos — 1300 vor Christus) oder von Göttinnen (zweigesichtiger Kopf der Göttin

Das Bugspriet und die Galionsfigur der *Amerigo Vespucci.*

Hator — British Museum, zeremonielles Schiffsmodell aus Granit — 1400 vor Christus).
Auch am Bug der Phönizierschiffe wurden hauptsächlich Tierköpfe dargestellt. Aber bei archäologischen Ausgrabungen in der Nähe von Thera (kleine Insel, die zu Santorin gehört) wurde eine Freske entdeckt, die zwei Schiffe zeigt: Am Bug des ersten ist ein riesiger Schmetterling auf einer großen, runden Blume zu sehen; am Bug des zweiten Schiffes sind ein großer Vogel und eine einer Rose ähnelnde Blume dargestellt.

Die griechische Mythologie ist reich an Erzählungen, in denen Galionsfiguren vorkommen. Auf dem Schiff von Paris, mit dem Helena entführt wurde, stellte die Galionsfigur Aphrodite dar, die ihren Sohn Eros in den Armen hält. Argo, das von den Argonauten benutzte Schiff, mit dem das Goldene Vlies erobert werden sollte, hatte als Galionsfigur die Göttin Minerva, die eigenhändig von Iason, der die Göttin als seine Beschützerin betrachtete, geschnitzt wurde. Aus der Untersuchung zahlreicher Teller, Töpfe und Amphoren läßt sich schließen, daß auch die Griechen für die Ausschmückung des Schiffsbugs außer dem Auge auch Nachbildungen von Köpfen tatsächlicher oder mythologischer Tiere oder anthropomorphe Darstellungen von Göttinnen und Göttern des Olymps verwendet haben.

Bei den Römern hatte die Galionsfigur eine praktische Funktion; sie wurde oft als Rammsporn benutzt. Es war eine Weiterentwicklung der seit dem 8. Jahrhundert vor Christus bereits vorhandenen griechischen Rammsporne. Für die Verwendung als stumpfer Gegenstand, um während eines Kampfes andere Schiffe damit zerstören zu können, wurde der Rammsporn aus Bronze, Kupfer oder Eisen geschmiedet. Man gab ihm die Form eines Tierkopfes oder eines Gottes (ein Seepferd auf einem auf der Trajan-Säule eingemeißelten Schiff; Ceres, dargestellt auf einer Galionsfigur eines römischen Schiffes, gefunden im Hafen von Civitavecchia — heute im Römischen Nationalmuseum; die Dioskuren auf dem Schiff, das den Apostel Paulus von Malta nach Rom brachte).

Der Bug der Wikingerschiffe war mit Köpfen phantastischer Tiere versehen; sie sollten dem Gegner vor allem Furcht einflößen. Es waren Drachen- und Schlangenköpfe oder Köpfe von Tieren, die bei den Küstenbewohnern gefürchtet waren. Wenn die so ausgestatteten Wikingerschiffe an den Küsten auftauchten, flohen die Bewohner vielfach in panischer Angst. Eine isländische Sage erzählt, daß die Wikinger, um die betreffenden Einwohner zu überlisten, die Galionsfiguren sogar abmontierten, bevor ihr Schiff anlegte.

In den folgenden Jahrhunderten bildete die Galionsfigur immer noch ein wesentliches Element der Schiffe. Die Ausschmückung war mehr oder weniger allegorisch, je nach Zeitgeschmack. Zu den »traditionellen« Motiven kamen noch Löwenfiguren, Darstellungen von Heiligen oder berühmten Persönlichkeiten hinzu. Oft waren es auch gekrönte Häupter, die auf dem Bug der Schiffe dargestellt wurden. Zum Beispiel der Wikingerkönig Olaf, der schwedische König Karl XII., der französische König Heinrich IV., der italienische König Vittorio Emanuel II., die Königin von Neapel, Cristina, oder die österreichische Königin Elisabeth. Die meisten Galionsfiguren waren Werke unbekannter Künstler oder Handwerker. Doch haben sich auch viele berühmte Künstler mit Galionsfiguren beschäftigt.

Danmark

Tovarisch

Libertad

Explorer

Path Finder

Eendracht

Shenandoah

Christian Radich

Gloria

Bill of Rights

Black Pearl

Unicorn

Artemis

Playfair

Elcano

Die Bedeutung der Galionsfigur war bei Seeleuten, bedingt durch Glauben und Aberglauben, immer sehr groß. Man erzählt sich, daß 1796 ein gewisser Lord Spencer von der britischen Admiralität auf seinem Schiff keine Galionsfigur anbringen lassen wollte. Daraufhin rebellierten die Matrosen aufs heftigste. Ein Schiff ohne Galionsfigur mußte ja Unglück bringen! Und tatsächlich setzten sich die Matrosen durch. Die großen Kriegsschiffe hatten noch für einige Jahre Galionsfiguren am Bug.

Die zivilen Segelschiffe haben bis heute immer eine Galionsfigur. Zu den klassischen Motiven kamen Darstellungen von Familienmitgliedern des Reeders (Frau, Kinder oder der Reeder selbst) oder von unbekannten Frauen, oftmals sogar mit nackter Brust!

Die Galionsfiguren auf den noch heute fahrenden Segelschiffen (zum Teil Symbol des Schiffes) stellen traditionelle Motive dar: Tierköpfe (Adler, Einhorn, Kondor, Ente), mythologische Motive (Minos, Diana, die Dioskuren), historische Motive und Persönlichkeiten (Amerigo Vespucci), Frauenfiguren, Wappen oder Kreuzschilde.

Jede Besatzung eines Schiffes verehrt und liebt ihre Galionsfigur. Sie wird als Symbol des Schiffes betrachtet und deshalb sorgfältig gepflegt. Und in den Häfen sind Galionsfiguren begehrte Fotomotive.

Royalist

Zawisza Czarny II

Esmeralda

Dar Pomorza

Georg Stage

Barba Negra

Gorch Fock

Sagres

Mircea

Die Schiffe

Auf den Seiten 68, 69 und 71: Die chilenische *Esmeralda*, Gegenlichtaufnahmen bei Sonnenuntergang.

America. Nordamerikanischer Schoner, im Jahre 1967 nach dem historischen Vorbild gebaut. Das Schiff ist 39 m lang und verdrängt 149 t; seine Segelfläche beträgt 500 qm. Es wird zur Schulung von Kadetten eingesetzt.

Alexander von Humboldt (rechts). Durch ihre grünen Segel ist sie leicht zu erkennen. Sie wurde 1906 als Feuerschiff gebaut und gehört der Deutschen Stiftung »Sail Training« (Bremerhaven). Die Besatzung zählt 60 Mann. Das Schiff ist 62,5 m lang und verdrängt 394 t.

T S G
ALEXANDER von HUMBOLDT

Amerigo Vespucci. Gebaut im Jahre 1931; sie wurde seitdem als Schulschiff für die Offiziersanwärter der italienischen Kriegsmarine eingesetzt. Sie ist 101 m lang und verdrängt 4100 t. Die Linie und die Farben ihres Schiffsrumpfes sind den Schiffen des 19. Jahrhunderts nachempfunden. Um die 3000 qm Segel und 40 km Taue manövrieren zu können, braucht die *Amerigo Vespucci* eine große Besatzung, die mit Kadetten 430 Mann zählt.

Auf den Seiten 76/77 eine eindrucksvolle Aufnahme: Die Besatzung in der Morgendämmerung auf den Rahen beim Segelmanöver. Der Großmast ist 54 m hoch und sein Untersegel hat eine Fläche von mehr als 500 qm. Um dieses Segel manövrieren zu können, sind auf den Rahen 32 Mann nötig.

Artemis. Dieser holländische Schoner mit oberen Fockmarssegeln wurde 1903 gebaut. Sein Schiffsrumpf ist 45 m lang und verdrängt 284 t. Die Bemastung ist aus Holz und die Segel sind aus Bramtuch gefertigt. Nur die Sicherheitseinrichtungen und die Navigationsgeräte wurden inzwischen den modernen Erfordernissen angepaßt.

Barba Negra. Holländischer Schoner, 110 m lang. Er verdrängt 110 t. Die zwei Gaffelsegel erlauben es, auch mit geringer Besatzung zu manövrieren.

Belem (oben). 1896 vom Stapel gelaufen. Sie ist 58 m lang und ihre Besatzung zählt 60 Mann. Von April bis November wird sie in Frankreich als Schulschiff für Matrosen der Handelsmarine für kurze Törns eingesetzt.
Belle Blonde. Diese Schonerbrigg ist gebaut worden, um auch auf den Binnenseen von Kanada fahren zu können. Am Fockmast sind Rahsegel und am Großmast ist ein Gaffelsegel gesetzt.

Bel Espoir II. Sie wurde 1944 gebaut. Dieser französische Dreimastschoner wird zur Schulung der Kadetten eines nautischen Institutes eingesetzt. Er ist etwas länger als 36 m und verdrängt 189 t. Die Segelfläche beträgt 465 qm und besteht aus drei Gaffelsegeln, drei Klüver- und zwei Gaffeltoppsegeln.

Black Pearl (links). Schonerbrigg, im Jahre 1951 gebaut. Sie ist etwas mehr als 20 m lang und verdrängt 41 t. Sie hat vier Rahsegel und ein Gaffelsegel. Die Segelfläche beträgt 185 qm.

La Belle Poule 1932 auf der Schiffswerft Chantiers Naval de Normandi
Kadetten der Ecole Navale der französischen Kriegsmarine ausgebilde

Fécamp gebaut. Auch auf diesem Schiff werden, wie auf *L'Etoile*,
ist 32 m lang und verdrängt 275 t. Die Segelfläche beträgt 424 qm.

Bill of Rights. Typischer amerikanischer Schoner aus der Zeit Ende des 19. Jahrhunderts.

Capitan Miranda (oben). Dreimastschoner, 1930 vom Stapel gelaufen. Seit 1978 ist er das Schulschiff der uruguayischen Kriegsmarine. Die Besatzung zählt 85 Mann, davon 40 Kadetten. Der Schoner ist 54,5 m lang und verdrängt 1020 t.
Cuauhtemoc (rechts). Sie ist ein Schulschiff der mexikanischen Kriegsmarine. Die *Cuauhtemoc* ist 1982 in Bilbao vom Stapel gelaufen, 90 m lang und kann 225 Mann (davon 100 Kadetten) aufnehmen. Ihre Segelfläche beträgt 2700 qm.

Christian Radich (links und oben). 1937 vom Stapel gelaufen. Sie ist das Schulschiff der norwegischen Handelsmarine, 72 m lang und ihre Segelfläche beträgt 1234 qm. Dank ihrer geringen Verdrängung ist sie sehr schnell: 1992 hat sie bei der Kolumbus-Jubiläums-Regatta die absolut schnellste Zeit aller Klassen erzielt.

Creoula. Dieser Viermastschoner fährt unter portugiesischer Flagge. Er ist 1937 gebaut worden und wird als Schulschiff der Handelsmarine genutzt. Das Schiff ist 70 m lang und verdrängt 1055 t. Seine Segelfläche besteht aus vier großen Gaffelsegeln und drei Klüvern und beträgt ca. 1000 qm.

Concordier. Diese kanadische Schonerbrigg ist 1992 gebaut worden. Ihre Takelage besteht aus fünf Rahsegeln auf dem Fockmast, je zwei Gaffelsegeln auf den Vormasten, drei Klüvern am Bug und vier Stagsegeln. Sie dient zur Schulung der Kadetten des »West Island College«.

Danmark (oben und rechts). Dieser dänische Dreimaster aus Stahl wurde 1933 gebaut. Er verdrängt 790 t und ist 77 m lang. Seine Segelfläche beträgt 1640 qm. Die Besatzung inkl. 80 Kadetten der Handelsmarine zählt ca. 100 Mann. Auf diesem Schulschiff, wie auch auf vielen anderen Schiffen, fahren Kadetten beiderlei Geschlechts.

DANMARK
KØBENHAVN

Dar Pomorza (oben). Dieses Vollschiff ist weltweit eines der ältesten Schulschiffe. Es wurde 1909 in Hamburg gebaut. Die *Dar Pomorza* ist 91 m lang und verdrängt 1566 t. Ihre Segelfläche beträgt 1900 qm. Die Besatzung besteht aus 30 Mann und ca. 150 Kadetten. Zur Zeit dient sie als Museumsschiff.
Dar Mlodziezy (rechts). Schulschiff der polnischen Handelsmarine. Es ist 1981 in Gdansk (Danzig) als Nachfolgerin der *Dar Pomorza* vom Stapel gelaufen. Ihre Konstruktion ist ein sehr gut gelungener Kompromiß zwischen alt und modern. Auffallend ist das rechteckige Heck. Die Besatzung mit Kadetten zählt 250 Mann. Es ist 109 m lang und verdrängt 2950 t.

COAST GUARD

Eagle (oben und links). Jetzt ist sie das Schulschiff für Offiziersanwärter der nordamerikanischen Küstenwache. Vor dem Zweiten Weltkrieg war diese Bark Schulschiff der deutschen Kriegsmarine und fuhr unter dem Namen *Horst Wessel*. Erbaut wurde sie 1936; sie ist eines aus einer Reihe von fünf fast identischen Schiffen. Die *Eagle* ist 89 m lang und verdrängt 1869 t. Ihre Besatzung einschließlich Kadetten zählt 200 Mann.

Elinor. Dieser dänische Dreimastschoner wurde 1906 gebaut. Er hat eine sehr schlanke Linie, ist 36 m lang und verdrängt 71 t.

Eendracht. Dieser Schoner wurde 1974 zur Schulung der holländischen Kadetten gebaut. Er ist 32,6 m lang und verdrängt ca. 300 t. Die Segelfläche beträgt 260 qm. Das Schiff gehört »Het Zeilend Zeeschip«, einer ähnlichen Vereinigung wie die »Sail Training Association«. Sie hat eine Stammbesatzung von 5 Mann, dazu kommen 32 Kadetten im Alter zwischen 16 und 21 Jahren. Auf dem Bild kann man erkennen, daß der Binnenklüver mit Baum versehen wurde, um schneller manövrieren zu können.

Enchantress. Nordamerikanischer Schoner mit einer besonders eindrucksvollen Bemastung und Takelage. Auf dem Bild sind die Fußpferde gut zu sehen, die die Matrosen benutzen, um zu den Rahnocken zu gelangen, um die Segel zu reffen und dann festzumachen.

Elissa. 1877 vom Stapel gelaufen. Sie ist eines der ältesten noch fahrenden Schiffe. Zwei ihrer Masten sind mit Rahsegeln und der Besanmast mit Gaffel- und Gaffeltoppsegel ausgerüstet. Während ihres langen Lebens ist sie wiederholt umgebaut worden. Anfangs wurde sie als Handelsschiff eingesetzt und sogar als Schmugglerschiff verwendet. Sie ist 61,40 m lang und wird von der »Galveston Historical Foundation« betrieben. Das Schiff fährt unter amerikanischer Flagge.

Esmeralda (S. 100/101 sowie S. 102/103). Dieser Viermastschoner wird nur zur Schulung der Offiziersanwärter der chilenischen Kriegsmarine eingesetzt. Die *Esmeralda*, die 1952 in Cadiz vom Stapel lief, hat eine ähnliche Linie des Schiffsrumpfes und Takelage wie die *Elcano*. Sie ist 113 m lang und verdrängt 3670 t. Ihre Stammbesatzung zählt 157 Mann, dazu kommen noch 180 Kadetten. Ihre drei großen Gaffelsegel, die Rahsegel am Fockmast, die Klüver und die Stagsegel bilden eine Segelfläche von 2853 qm.

L'Etoile. Wie auch *La Belle Poule* wird sie zur Schulung von Offiziersanwärtern der französischen Kriegsmarine eingesetzt. Sie ist ganz aus Holz gebaut und wurde 1933 in Fécamp fertiggestellt. Die *Etoile* ist als Toppsegelschoner getakelt und wurde den Schonern nachgebaut, die viele Jahre zur Fischerei vor Neufundland eingesetzt wurden. Sie ist 32 m lang und verdrängt 275 t. Die Besatzung zählt 20 Mann.

Erawan. Dieser Schoner fährt unter Panama-Flagge. Er ist 45 m lang und hat eine Tonnage von 286 t. Auf dem Bild kann man den großen Gegensatz zwischen altem und neuem Segel sehen. Im Kontrast zu den lebendigen Farben und der Eleganz des kleinen Bootes steht die massive und dunkle Silhouette des alten Segelschiffes. Aber alle, die an Bord dieser Schiffe gehen, empfinden die gleiche Liebe für das Meer und schätzen die Freiheit, die ihnen das Leben an Bord der alten Segler bietet.

Explorer. Sie ist ein nordamerikanischer Schoner und ihre Linie verrät ihr ehrwürdiges Alter. Besonders augenfällig ist auch der große Abstand der beiden Masten voneinander, die zwei Stagsegel zu setzen erlauben, eins davon umgekehrt. Durch den Fall der Masten zum Heck, der seinerzeit üblich war, wirkt das Schiff noch faszinierender.

Falken. Dieses Schulschiff der schwedischen Kriegsmarine ist als Schoner getakelt und hat zwei große Gaffelsegel und zahlreiche Klüver am Bug. Es wurde 1947 in Schweden gebaut. Der Schiffsrumpf ist aus Stahl und etwas mehr als 34 m lang, verdrängt 232 t. Die Besatzung inkl. Kadetten zählt 40 Mann. Die *Gladan* gehört zur gleichen Klasse wie die *Falken*.

Gazela Primeiro (oben). 1883 vom Stapel gelaufen. Sie ist eines der ältesten Schiffe, das noch voll funktionsfähig ist, 54,21 m lang und verdrängt 445 t. Die Segelfläche, auf drei Masten verteilt, beträgt 1178 qm.
Fryderyk Chopin (rechts). Sie ist eines der beiden neuen polnischen Schulschiffe. Ihr Stapellauf war 1990; sie hat eine gemischte Besatzung, die inkl. Kadetten ca. 80 Mann zählt.

FRYDERYK CHOPIN

Gefion. Typischer Toppsegelschoner mit oberen Fockmarssegeln. Sie wurde 1894 gebaut und anfangs als reiner Motorfrachter benutzt. Später wurde sie wieder zum Passagierschiff umgebaut und als Kreuzfahrtschiff von der »Baltic Schooner Association« eingesetzt. Sie fährt unter der Flagge der Cayman-Inseln (Großbritannien), aber ihre Heimathäfen sind in Dänemark und Deutschland. Von dort startet sie zu kurzen Kreuzfahrten in der Ostsee. Sie ist 39 m lang und 8 m breit, die Tonnage beträgt 189 t. Ihre Segelfläche weist 550 qm aus.

Gladan. Schwedischer Schoner, der im Jahre 1947 gebaut wurde. Er ist das Schulschiff für Kadetten der Marineakademie. Die *Gladan* ist ca. 34 m lang und verdrängt 232 t. Normalerweise fährt die *Gladan* im Verband mit der *Falken*, die zur gleichen Klasse gehört. In der Sommerzeit werden von beiden Schiffen lange Schulungstörns durchgeführt. In den restlichen Monaten werden sie auch von privaten Vereinigungen zur Schulung junger Leute eingesetzt.

Georg Stage (S. 112/113). 1935 gebaut, gehört der gleichnamigen Stiftung. Sie ist als Vollschiff getakelt und ihr Schiffsrumpf besteht aus Stahl. Sie ist das zweite Schiff, das diesen Namen trägt. Die erste *Georg Stage* lief 1882 vom Stapel und sank 1905 nach einer Kollision. Sie wurde geborgen und restauriert. Danach wurde sie vom berühmten australischen Seefahrer und Schriftsteller Alan Villiers gekauft und in *Joseph Conrad* umgetauft.

Unter der Führung von Villiers machte sie in den dreißiger Jahren eine zweijährigeReise um die Welt. Auf der *Georg Stage* sind hunderte dänischer Kadetten ausgebildet worden. Sie ist 52 m lang und verdrängt 298 t. Ihr Heimathafen ist Kopenhagen. In der Sommerzeit werden Schulungstörns und in der Winterzeit Instandsetzungsarbeiten durchgeführt. Die *Georg Stage* nimmt an allen großen Regatten teil.

Gloria (Seiten 114/115, 116/117). Sie ist das Schulschiff der kolumbianischen Marine und das erste aus einer Serie von vier Schiffen, die eine Schiffswerft in Bilbao für südamerikanische Marinen baute. Die *Gloria* wurde 1968 vom Stapel gelassen. Sie ist 76 m lang und verdrängt 1300 t. Ihre Takelage

besteht aus 23 Segeln; die Gesamtsegelfläche beträgt 1400 qm. Die Besatzung besteht aus 60 Mann und zusätzlich 90 Kadetten. Das rundliche Heck, die im Vergleich höhere Kommandobrücke und die Galionsfigur mit der vergoldeten Frau mit Flügeln unterscheiden sie von ihren Schwesterschiffen (s. auch Seiten 116 und 117).

God Speed. Sie ist eine seetüchtige Nachbildung einer Karavelle. Wie auch die Schiffe aus der Zeit der Entdeckungsfahrten ist sie mit zwei gleichhohen Masten und gleichflächigen Segeln ausgerüstet. Bemerkenswert ist die rundliche Form dieser Segel. Auf dem Besanmast ist allerdings ein Lateinsegel mit Besanrute gesetzt. Das Bugspriet ist mit einem Bugsprietsegel ausgerüstet.

Golden Hind. Auch dieses Schiff ist eine genaue Nachbildung eines Schiffes aus dem 15. Jahrhundert. Fachleute diskutieren immer wieder über die Unterschiede zwischen der *God Speed* und der *Golden Hind*. Aufgrund ihres imposanten Schiffsrumpfes kann die *Golden Hind* auch als Karracke klassifiziert werden. Weil beide Schiffsklassen fast gleichzeitig konstruiert wurden, gibt es bei der Segelausstattung keinen großen Unterschied.

Gorch Fock II (oben und rechts). Sie wurde 1958 gebaut. Für die Konstruktion dienten Baupläne, die bereits zwischen den zwei Weltkriegen für vier deutsche Segelschiffe benutzt wurden. Die *Gorch Fock* ist die jüngste der sogenannten »Fünf Schwestern«. Allerdings fährt nur die *Gorch Fock II* unter deutscher Flagge. Sie ist das Schulschiff der deutschen Bundesmarine. Ihre technischen Daten: 89 m lang, Verdrängung 1870 t

Segelfläche 1952 qm. Während der Schulungsfahrten zählt ihre Besatzung inkl. Kadetten 250 Mann. Anstoß für den Bau der *Gorch Fock* war der tragische Untergang der *Pamir*, die 1957 im Atlantik sank.

Henryk Rutkowski (oben). Sie wurde 1944 gebaut. Bis 1949, als sie vom polnischen Fischerei-Institut gekauft wurde, war sie zum Fischfang eingesetzt. Sie ist 27 m lang und verdrängt 120 t. Ihre Segelfläche beträgt 265 qm.
Guayas (rechts). Sie ist das Schulschiff der ecuadorianischen Kriegsmarine und wurde 1977 gebaut. Diese Bark ist 80 m lang und verdrängt 1400 t. Ihre Segelfläche beträgt 1555 qm. Aus einer Baureihe von vier gleichen Schiffen ist sie das zweite.

Kankou Maru. Dampf-Segelschiff mit »Hilfssegeln« getakelt. Ihre Konstruktion stammt aus der Zeit des Überganges vom Segelantrieb zum Maschinenantrieb. Man hatte natürlich sehr früh gelernt, daß mit Maschinenantrieb viel einfacher gegen den Wind zu fahren war, jedoch wollte man nach

soviel Jahrhunderten auf Segel nicht ganz verzichten. Das Schiff wurde 1988 in Japan überholt. Die *Kankou Maru* ist 65 m lang und verdrängt 784 t. Bemerkenswert ist, daß Schiffbauingenieure heute wieder verstärkt darüber nachdenken, große Tanker mit »Hilfssegeln« auszustatten.

海王丸
KAIWO MARU

Kaiwo Maru (oben und links). Schulschiff der japanischen Handelsmarine. Hier ist die neue *Kaiwo Maru* abgebildet, die 1989 gebaut wurde. Auf den beiden folgenden Seiten sieht man das gleichnamige alte Schiff, das 1930 vom Stapel lief. Schiffsrumpf und Takelage beider Schiffe sind identisch; nur in einigen kleineren Details gibt es Unterschiede, so z.B. bei den Ankerklüsen oder der Bugverzierung. Die neue *Kaiwo Maru* ist 110 m lang und verdrängt 2556 t. Ihre Segelfläche beträgt 2500 qm.

KAIWO MARU

Kanrin Maru. 1990 gebaut. Sie ist 66 m lang und verdrängt 520 t. Im Laufe der letzten Jahre hat die japanische Marine den Bestand ihrer Segelschiffe völlig erneuert. Sie hat es damit begründet, daß ihre zukünftigen Marineoffiziere unbedingt auf Segelschiffen geschult werden müssen, um das Seemannsleben an Bord richtig kennenzulernen.

Kaliakra. Schulschiff der bulgarischen Handelsmarine. Dieser Schoner ist 1984 gebaut worden, um kleinere Schoner mit Fockmarssegeln zu ersetzen, die bereits längere Zeit fuhren. Die *Kaliakra* ist etwas länger als 42 m und verdrängt 386 t. Sie hat drei Masten mit insgesamt 15 Segeln. Ihre Stammbesatzung zählt 20 Mann; dazu kommen noch ca. 40 Kadetten. Heimathafen der *Kaliakra* ist Varna am Schwarzen Meer. Das Schiff ist nach dem berühmten Kap in der Nähe von Varna benannt.

Khersones (links). Auch Rußland hat eine Reihe von vier neuen Schiffen in Polen bauen lassen. Eines davon ist die *Khersones*, 1990 vom Stapel gelaufen, die heute unter ukrainischer Flagge fährt. Sie ist 108,8 m lang und verdrängt 2385 t.
Krusenstern (oben, Seiten 134/135). Sie ist eine Viermastbark und wurde 1926 gebaut. Anfangs transportierte sie unter dem Namen *Padua* Nitrat. Seit 1959 war sie Schulschiff der sowjetischen Marine. Ihre technischen Daten: Länge 114,5 m; Verdrängung 5725 t; Segelfläche 3700 qm; 270 Mann Besatzung.

РУ-0702
Крузенштерн

Juan Sebastian de Elcano (oben, rechts, Seiten 138/139). Sie ist 1928 als Viermastschoner gebaut worden und dient als Schulschiff der spanischen Kriegsmarine. Das Schiff ist 106 m lang und verdrängt 3750 t. Ihre Segelfläche beträgt 2500 qm. Mit einer Stammbesatzung von 300 Mann und ca. 100 Kadetten unternimmt sie lange Törns auf allen Meeren der Welt. Wie auf allen anderen Schulschiffen auch, ist die Bordzeit für die Kadetten

nicht leicht. Neben den praktischen Segelmanövern geht auch der theoretische Unterricht an Bord weiter. Viel Freizeit bleibt da nicht. Trotzdem wird diese Zeit allen Kadetten in unauslöschlicher Erinnerung bleiben.

Leeuwin. Moderne Schonerbark, die für die »Sail Training Association« von West Australien eingesetzt wird. Sie wurde 1986 gebaut. Die *Leeuwin* ist 55 m lang und verdrängt 236 t. Die sehr umfangreiche Takelage besteht aus 16 verschiedenen Segeln. Die Stammbesatzung zählt 13 Mann, dazu kommen noch 40 Besatzungsmitglieder, die zwischen 15 und 70 (!) Jahren sind. Trotz des großen Altersunterschiedes sind alle begeistert vom

Leben an Bord. Auf der *Leeuwin* wurden auch schon Behinderte eingeschifft, die zur See fahren wollten. Die meisten Törns dauern 10 Tage, manchmal fährt man mit der *Leeuwin* aber auch nur zum Wochenende auf das Meer hinaus, um Wale zu beobachten.

Libertad (oben, rechts, Seiten 144/145). Die argentinische Kriegsmarine war immer von der Zweckmäßigkeit überzeugt, ihre künftigen Offiziere auf Segelschiffen ausbilden zu lassen. Die *Presidente Sarmiento*, 1898 vom Stapel gelaufen, war eines der ersten Schulschiffe. 1925 wurde sie völlig überholt und weiter als Schulschiff eingesetzt. Danach ersetzte die *Libertad* das alte Schulschiff. Dieses Schiff wurde 1963 auf einer argentinischen

Schiffswerft gebaut. Der Großmast mißt 50 m. An ihren drei Masten können bis zu 27 Segel gesetzt werden, die eine Gesamtsegelfläche von 2652 qm erreichen. Die *Libertad* ist 103 m lang und verdrängt 3675 t. Ihre Stammbesatzung zählt 270 Mann; dazu kommen noch ca. 120 Kadetten. Die *Libertad* ist ein äußerst schnelles Schiff und hält den Rekord für die schnellste Atlantiküberquerung von West nach Ost.

Malcom Miller. Dreimasttoppsegelschoner, 1968 gebaut. Der Segler wurde drei Jahre nach der *Sir Winston Churchill* fertiggestellt. Beide Schiffe aus Großbritannien fahren für die internationale Vereinigung »Sail Training Association«, um junge Leute auszubilden. Es ist nicht einfach, unter den vielen Bewerbern stets die passenden Besatzungsmitglieder auszuwählen. Der Schiffsrumpf ist aus Stahl, 45 m lang und verdrängt 224 t.

Lindø. Schoner mit Holzrumpf. Im Jahre 1929 vom Stapel gelaufen. Er ist 38 m lang und verdrängt 176 t. Die Segelfläche beträgt 650 qm.

Malques (links). Englischer Segler, 1912 vom Stapel gelaufen. Sie ist 36 m lang und verdrängt 210 t. Während ihrer langen Fahrenszeit besaß sie immer Segel aus Bramtuch.
Mir (oben). 1987 als eines der neuen sowjetischen Schulschiffe vom Stapel gelaufen. Sie ist 109 m lang und verdrängt 2946 t. Dieses sehr schnelle Schiff ist als Vollschiff getakelt. Die Segelfläche beträgt 3000 qm. Die Besatzung inkl. 50 Kadetten zählt 200 Mann. Die *Pallada, Khersones* und *Droujiba* gehören zur gleichen Klasse.

Mircea (oben und rechts). Sie war das letzte aus einer Reihe von vier Schiffen, die zwischen den beiden Weltkriegen im Jahre 1938 in Deutschland gebaut wurden. Sofort nach ihrer Indienststellung setzte die rumänische Marine sie zur Ausbildung von Offiziersanwärtern ein. Die *Mircea* ist 82 m lang und verdrängt 1760 t. Ihre Segelfläche beträgt 1748 qm. Auf dem Bild eine wunderschöne Aufnahme der *Mircea* (ihr Name bedeutet auf rumänisch Markus) mit der Besatzung auf den Rahen, bereit für die »Hurrarufe«.

NIPPON MARU

Nippon Maru (links, oben, Seiten 154/155). 1930 vom Stapel gelaufen. Sie ist das Schwesterschiff der *Kaiwo Maru*. 1989 wurde sie durch einen gleichnamigen Neubau ersetzt. Auf den ersten Blick sind beide Schiffe fast identisch. Auf Seite 152 findet sich die alte *Nippon Maru*, auf den Seiten 153, 154 und 155 ist die neue abgebildet. Nur die Ankerklüsen und die Bugverzierungen sind unterschiedlich. Desweiteren ist die neue *Nippon Maru* 110 m lang (13 m länger als das alte Schiff) und verdrängt 2570 t (300 t mehr als ihre Vorgängerin). Die Segelfläche beträgt 2500 qm.

Pallada (links). Die *Pallada* ist das dritte der vier neuen russischen Schiffe. Mit dem fast eckigen Heck hat sie eine moderne Form bekommen; der Schiffsrumpf und die Bemastung sind klassisch geblieben. Sie ist 109 m lang und verdrängt 2700 t. Die Segelfläche beträgt 3000 qm und die Besatzung zählt ca. 200 Mann.
Phoenix (oben). Holländische Brigantine, 1929 gebaut. Sie wird hauptsächlich zur Schulung Jugendlicher verschiedenster Nationen eingesetzt. Sie ist 34 m lang und verdrängt 151 t.

Our Svanen. Englische Barkentine, 1922 gebaut. Sie ist etwas länger als 40 m und verdrängt 100 t. Bemerkenswert sind die zahlreich gesetzten Stagsegel zwischen Fock- und Großmast.

Pride of Baltimore. Baltimore hat dieses Schiff 1977 bauen lassen, weil die gleichnamige Vorgängerin nach einer denkwürdigen zweijährigen Weltreise unterging. Sie ist 41,60 m lang und verdrängt 121 t.

Regina Maris. Dieser Schoner wurde 1971 zur Schulung junger Leute in Großbritannien gebaut. Er ist 28 m lang und verdrängt 110 t. Seine Segelfläche beträgt 580 qm.

Providence. Dieser originalgetreue Nachbau des ersten Schiffes der US-Marine wurde 1976 von einer nordamerikanischen Vereinigung veranlaßt. Selbst die Kanonen an Bord können feuern! Der Schoner ist etwas länger als 20 m und verdrängt 67 t.

Royalist. 1971 in Großbritannien gebaut. Diese Brigg hat den Lloyd's-Register-Preis für die beste Segelschiffkonstruktion aller 1971 gebauten Segelschiffe gewonnen. Das Schulschiff gehört der »Sea Cadet Corp« und führt Törns durch, die 7 bis 14 Tage dauern. Die Stammbesatzung zählt nur fünf Mann. Zu jedem Törn können aber 24 Kadetten aufgenommen werden. Die *Royalist* ist etwas kürzer als 30 m und verdrängt 110 t. Die Segelfläche beträgt 817 qm.

Sagres (links, oben, Seiten 164/165). Sie ist das Schulschiff der portugiesischen Kriegsmarine und wurde 1937 in Deutschland unter dem Namen *Albert Leo Schlageter* gebaut. Später wurde das Schiff an die USA abgegeben. Über Brasilien ging die *Sagres* an Portugal. Sie ist etwas weniger als 90 m lang und verdrängt 1869 t. Die *Sagres* ist eine Bark und ihre Takelage von 1935 qm besteht aus 10 Rahsegeln, 4 Klüvern, 6 Stag- und Gaffelsegel mit Gaffeltoppsegel. Die Stammbesatzung zählt 140 Mann; hinzu kommen noch 90 Offiziersanwärter.

Sea Cloud (oben). 1933 gebaut. Diese Viermastbark ist 107 m lang und verdrängt 3539 t. Sie wird als Passagier-Kreuzfahrtschiff eingesetzt. Ihre Stammbesatzung zählt 56 Mann, daneben bietet sie noch Platz für 80 Passagiere. Ihre Segelfläche beträgt 3160 qm.
Sedov (rechts). Sie ist das größte heute noch fahrende Segelschiff. Mit 172 m Länge verdrängt sie 6000 t. Die *Sedov* ist als Vollschiff getakelt und die Rahsegel auf den vier Masten weisen eine Gesamtsegelfläche von 4200 qm aus. 1921 wurde sie gebaut und dann unter dem Namen *Magdalene Vinnen* und *Kommodore Johnson* im Handelsverkehr eingesetzt. Heute ist die *Sedov* eines der Schulschiffe der russischen Handelsmarine.

Shabab Oman. Der Bramsegelschoner lief 1971 vom Stapel. Es ist heute das größte ganz aus Holz gebaute Schiff, 52 m lang und verdrängt 484 t. Die Besatzung mit Kadetten zählt ca. 57 Mann. Ihr Name bedeutet soviel wie »Jugend von Oman«. Das in Schottland gebaute Schiff wurde zunächst auf den Namen *Captain Scott* getauft. 1979 kaufte es der Sultan von Oman.

Shenandoah. Dieser Schoner mit Fockmarssegeln wurde 1964 gebaut. Er fährt unter amerikanischer Flagge, ist 46 m lang und hat eine Verdrängung von 170 t. Die *Shenandoah* wird vorwiegend entlang der ostamerikanischen New-England- oder Long-Island-Sound-Küste eingesetzt. Der Schoner wird als Passagierschiff eingesetzt. Zur Zeit ist er im Besitz der »Coastwise Paket Company«.

Simon Bolivar. Sie ist das Schulschiff der venezolanischen Kriegsmarine und 1979 vom Stapel gelaufen. Aus einer Serie von vier Barken, die auf der Schiffswerft Astilleros in Spanien für die lateinamerikanischen Marinen gebaut wurden, war sie die dritte.

Die *Simon Bolivar* ist 82 m lang und verdrängt 1260 t. Ihre Segelfläche beträgt 1850 qm. Die Stammbesatzung zählt 94 Mann, hinzu kommen noch 100 Kadetten.

Sir Winston Churchill (oben). 1965 in England vom Stapel gelaufen. Ihr Schiffsrumpf aus Stahl ist 45 m lang und verdrängt 281 t. Die Segelfläche beträgt 817 qm. Von diesem Dreimasttoppsegelschoner-Typ existiert ein Schwesterschiff, die *Malcolm Miller*.
Sørlandet (rechts). Dieses Schulschiff der norwegischen Handelsmarine, im Jahre 1927 vom Stapel gelaufen, wird direkt von seinem Heimathafen Kristiansand verwaltet. An Bord können ca. 70 Kadetten eingeschifft werden; die Stammbesatzung zählt 14 Mann. Die *Sørlandet* ist 65 m lang, verdrängt 568 t und hat eine Segelfläche von 912 qm.

SØRLANDET

SPIRIT OF NEW ZEALAND

Spirit of New Zealand (links). Dieser neuseeländische Schoner ist 1986 gebaut worden. Das Schiff, 45 m lang, mit einer Verdrängung von 227 t, symbolisiert den Pioniergeist Neuseelands!
Statsraad Lehmkuhl (oben). 1914 als *Großherzog Friedrich August* vom Stapel gelaufen. Nach 1919 ging sie an Großbritannien, 1923 verschenkte ein norwegischer Reeder das Schiff an die »Bergens Scholshib«. Im Zweiten Weltkrieg wurde es von Deutschland als Depotschiff genutzt. Nach Kriegsende erhielt Norwegen das Schiff zurück und setzte die *Statsraad Lehmkuhl* ab 1973 als Schulschiff der Handelsmarine ein. Ihren Namen hat sie nach dem norwegischen Staatsrat Lehmkuhl erhalten. Das Schiff ist 98 m lang, verdrängt 1700 t und hat eine Segelfläche von 2000 qm. Der Heimathafen ist Bergen.

Svanen. Typischer Dreimastgaffelschoner, im Jahre 1916 gebaut. Er ist 69 m lang und verdrängt 696 t. Die Segelfläche beträgt 1230 qm. Besonders auffällig sind die beiden dreieckigen Segel in den Farben der holländischen Flagge, die auf dem Fockmast über beide Rahsegel gesetzt sind. Das Dreiecksegel auf dem Großmasttopp ist eines der ersten dieser Art.

Tabor Boy. Dieser Schoner wurde 1914 gebaut. Er wird von der Tabor-Akademie (Massachusetts) eingesetzt und ist eines der bekanntesten amerikanischen Schulschiffe. Der Schoner wurde in Amsterdam unter dem Namen *Bestevaer* gebaut und 1950 an die Tabor-Akademie verschenkt. Seine Länge beträgt 36 m und die Verdrängung 265 t. Die Segelfläche beträgt 620 qm. Auf den wöchentlichen Törns werden 20 Kadetten mitgenommen; die Stammbesatzung besteht aus 8 Mann.

Tovarisch (oben, rechts, Seiten 180/181). Diese Schonerbark wurde 1933 in Deutschland gebaut und unter dem Namen *Gorch Fock* als Schulschiff der damaligen Kriegsmarine eingesetzt. Nach dem Zweiten Weltkrieg kam sie als Reparationsleistung an die Sowjetunion. Nach umfangreichen Umbau- und Erneuerungsarbeiten in der sowjetischen Besatzungszone/DDR wurde sie 1951 unter ihrem jetzigen Namen wieder in Dienst gestellt. Wie auch bei der *Sagres*, *Eagle* und *Mircea*, die zur gleichen Klasse gehören, ist ihr Schiffsrumpf aus Stahl und 82 m lang. Sie verdrängt 1800 t und

die Segelfläche beträgt 1860 qm. Zur Zeit ist sie das Schulschiff der ukrainischen Handelsmarine. Die Besatzung zählt 45 Mann; hinzu kommen noch 140 Kadetten.

Unicorn (Seite 182). 1948 gebaut, steht diese Brigantine heute im Dienst des Instituts für Ozeanographie, Florida. Ihre Länge beträgt 39 m, die Segelfläche 685 qm.

ТОВАРИЩ

NICORN

Te Vega. Der Schoner lief 1930 in Kiel vom Stapel. Seine Länge beträgt 47,40 m, die Verdrängung 400 t. Zur Zeit ist die *Te Vega* das Schulschiff der holländischen Nautik-Schule. Sie fährt unter panamesischer Flagge. Die Segelfläche beträgt 961 qm. Bis ca. 40 Studenten können aufgenommen werden. In den dreißiger Jahren fuhr die *Te Vega* als Luxus-Yacht unter dem Namen *Etak*. Zeitweise wurde das Schiff auch zu wissenschaftlichen Studienfahrten für die kalifornische Stanford University eingesetzt.

Young Endeavour. Anläßlich der Zweihundert-Jahrfeier zur Entdeckung Australiens im Jahre 1986 wurde sie von Großbritannien Australien zum Geschenk gemacht. Ihre Besatzung zählt 33 Mann, die meisten davon sind Kadetten. Sie ist 42 m lang und verdrängt 173 t. Die Takelage dieser Schonerbrigg besteht aus drei Rah-, einem Gaffelsegel mit Gaffeltoppsegel, zwei Klüvern und zwei Stagsegeln.

Zawisza Czarny II. Dieser Dreimaststagsegelschoner der polnischen Handelsmarine wird zur Schulung von Offiziersanwärtern eingesetzt. Er wurde 1953 in Danzig gebaut. Die Gesamtlänge beträgt 42 m, die Verdrängung 197 t. Seine auf drei Masten verteilten Segel bestehen aus vier Klüvern, drei Gaffel- und drei Gaffeltoppsegeln mit einer Gesamtsegelfläche von 550 qm. Die Stammbesatzung zählt 25 Mann; hinzu kommen noch 25 Kadetten.

Die *Esmeralda*, die *Libertad* und die *Gloria* liegen vor dem Hafen von Hamilton, Bermuda, vor Anker.

Schwimmende Museen

Santa Maria

Sie ist sicherlich eines der bekanntesten Schiffe der Welt. Das Original der *Santa Maria* ist leider, wie andere Schiffe aus ihrer Zeit, nicht mehr vorhanden. Bereits 1842 begann man damit, die Schiffe der Entdeckerflotte zu rekonstruieren. 1992 hat man mit nachgebauten Karavellen den gleichen Kurs genommen, den der große Seefahrer 1492 gefahren ist. Die *Santa Maria*, die auf diesem Bild zu sehen ist, liegt vor Barcelona. Die Nachbildung des Schiffes ist bis ins kleinste Detail sehr präzise. Es ist erstaunlich, daß die Männer dieser Expedition den Mut aufbrachten, mit solchen »Nußschalen« auf dem »finsteren Meer« — wie damals der Atlantik genannt wurde — zu fahren! Die *Santa Maria* war etwas mehr als 30 Meter lang und die Besatzung bestand aus 39 Mann. Nur der Admiral hatte eine Kabine auf dem Achterdeck; die anderen schliefen unter dem Oberdeck, oder, wenn möglich, an Deck.

MARIA

HMS Rose

Sie diente den Engländern zur Kontrolle des Schmuggelverkehrs an den amerikanischen Küsten. Während des Unabhängigkeitskrieges wurde die *HMS Rose* eingesetzt, um gegen die Revolutionsarmee zu kämpfen. 1776 nahm sie an dem entscheidenden Kampf entlang des Hudson teil. 1779 wurde die *HMS Rose* vor der Hafeneinfahrt von Savannah versenkt, um die Durchfahrt zu blockieren. Jahre später wurde sie von den Amerikanern gehoben. Nach Plänen des Maritime Museum Greenwich wurde die *HMS Rose* originalgetreu rekonstruiert, ist vollständig aus Holz gebaut, mit 32 Kanonen ausgerüstet und liegt heute in Newport vor Anker. Sie ist voll seetauglich und nimmt an allen bedeutungsvollen Schiffsparaden teil. Wenn die *HMS Rose* nicht gerade auf See ist, kann man sie besichtigen. Auf dem Bild links oben sieht man das Achterkastell mit zwei Kanonen.

HMS Victory

Sie ist der Stolz der britischen Marine und ihrer zahlreichen Verehrer. Am 7.05.1765 vom Stapel gelaufen, hat sie ihren letzten Kampf 1811 gekämpft. Bei allen Gefechten, an denen die *Victory* teilnahm, spielte sie die Hauptrolle. 1797 wurde sie im Hafen von Chatam — dort, wo sie Jahre zuvor gebaut worden war — als Gefängnisschiff benutzt. 1799 wurde die *Victory* eingedockt und vollständig überholt. Zwei Jahre danach fuhr sie wieder zur See und nahm 1805 an der Trafalgar-Schlacht teil; an Bord befand sich der Befehlshaber der

britischen Flotte, Admiral Nelson, der in dieser Seeschlacht ums Leben kam. 1811 sollte das Schiff abgewrackt werden, doch John Poole schilderte in seinem Buch ihr ruhmreiches Leben mit ihren vielen Kampfeinsätzen und rüttelte so die Öffentlichkeit auf. Die Reaktion war enorm; die *Victory* wurde nicht abgewrackt. Sie lag von 1825 bis 1901 vor Portsmouth vor Anker. Da das Schiff vollständig aus Holz gebaut worden war, mußte sie 1922 trockengelegt werden. Sie wurde zum ältesten Dock der Welt, der Nr. 2, im Hafen von Portsmouth verholt, wo man sie heute besichtigen kann. Auf den Bildern erkennt man, daß alle Objekte (von den Kanonen bis zu den Gegenständen in Kombüse und Messe) möglichst originalgetreu angeordnet wurden, um dem Besucher zu zeigen,

MAL·Y·PENSE·
MON DROIT

wie ein Schiff damals, vor zweihundert Jahren ausgesehen hat. Wer an Bord geht, spürt sofort, daß das Leben für die Besatzung nicht sehr komfortabel gewesen sein kann. Die Höhe der Decks war so gering, daß in den meisten Räumen kein normal großer Mann aufrecht stehen konnte. Auf Seite 193 sind die Galionsfigur und auf Seite 192 die Hecklaterne abgebildet. Hier ist deutlich zu sehen, daß in dieser Zeit auch Kriegsschiffe reich geschmückt waren.

Jylland

Diese Segelfregatte wurde 1860 in Kopenhagen gebaut und machte seine letzte Fahrt 1890. Als sich das Schiff noch im Bau befand, gab es viele neue Entwicklungen. Da das meiste davon nicht mehr beim Bau berücksichtigt werden konnte, hatte die *Jylland* eine relativ kurze Fahrenszeit. Sie wurde unter anderem mit einer Dampfanlage für maschinellen Antrieb ausgerüstet. Heute kann man sie im Hafen von Erbherthut in Dänemark besichtigen. Ihre zahlreichen Kanonen sind auf traditionelle Weise auf den beiden Batteriedecks angeordnet. Erwähnenswert sind die im Heckspiegel unter dem Wappen eingelassenen zwei Luken als Öffnungen für Kanonen. So konnte man sich der Verfolgerschiffe erwehren. Das Schiff ist in Kopenhagen verankert und wird von vielen Interessierten besichtigt. Die Wartung der Takelage und aller Gegenstände, die zum Schiff gehören, wird regelmäßig durchgeführt.

Charles W. Morgan

Sie ist ein typisches Exemplar eines Vollschiffes. Sie wurde 1841 in New Bedford gebaut und hat ein sehr interessantes und vielfältiges Leben gehabt. 1921 machte die *Charles W. Morgan* ihre letzte Fahrt. Heute ist sie eines der meist besuchten schwimmenden Museen von Nordamerika geworden. Auf dem Bild unten rechts ist die Bugverzierung des Schiffes abgebildet. Die seit 1800 laut Regierungsanordnung einzig erlaubte Verzierung am Bug galt als Ersatz für die Galionsfigur. Die *Charles W. Morgan* ist das einzige ganz aus Holz gebaute Walfangschiff, das in unserer Zeit noch existiert. Sie liegt in Mystic Seaport (Connecticut) vor Anker. Diese Siedlung ist eigens für das Schiff nachgebaut worden und stellt einen Ort aus der Zeit des 19. Jahrhunderts dar.

Cutty Sark

Sie wurde 1869 in Dunbarton gebaut und ist besonders bekannt als letzter und auch einziger erhaltener Klipper. Er wurde mit der Absicht gebaut, bei den »Tea Races« die sehr schnelle *Thermopylae* zu schlagen. Auch wenn die *Cutty Sark* dies nicht geschafft hat, war sie doch einer der schnellsten Klipper, die eingesetzt wurden, um Tee und Wolle zu transportieren. 1895 wurde der Klipper unter portugiesischer Flagge für Atlantikfahrten verwendet. Dann gelang es 1922 dem englischen Kapitän Dowman, ihn zu kaufen und ihm das ursprüngliche Aussehen zurückzugeben. Heute gehört der Klipper der »Cutty Sark Preservation Society« und liegt in einem Trockendock bei dem Royal Navy College in Greenwich. Als Museumsschiff bewahrt die *Cutty Sark* die Erinnerungen an eine große Epoche der Segelschiffzeit.

Joseph Conrad

Sie wurde 1882 in Kopenhagen von einem dänischen Reeder zur Schulung der Kadetten gebaut und hieß ursprünglich *Georg Stage.* 1935 wurde sie durch ein anderes gleichnamiges Schiff ersetzt, an eine USA-Vereinigung abgegeben und zur Erinnerung an den großen Schriftsteller in *Joseph Conrad* umgetauft. Unter der Führung von Alan Villiers machte sie eine zweijährige Reise um die Welt. Die *Joseph Conrad* hat viele tausend Seemeilen als Schulschiff der US-Handelsmarine zurückgelegt. Seit 1948 dient sie als Museumsschiff. Sie liegt in Mystic Seaport vor Anker und wird jährlich von vielen Menschen besichtigt.

Falls of Clyde

Sie ist ein Viermastvollschiff mit Rahsegeln, der letzte Vertreter dieser Klasse und wurde 1848 in Glasgow gebaut. 1921 ging sie auf ihre letzte Reise. Durch die lange Fahrenszeit ist die *Falls of Clyde* zur »Heldin der Ozeane« avanciert und hat viele Fans und Verehrer gewonnen. Als sie abgewrackt werden sollte, haben diese Segelschiff-Fans und -Bewunderer viele Stunden kostenlos an dem Schiff gearbeitet und viel Geld gespendet, um es vollständig restaurieren und als Museum nutzen zu können.

Balclutha

Sie wurde 1886 in Schottland gebaut. Während ihrer ersten 13 Jahre transportierte sie von Cardiff Kohle, von London Whisky und von Iquique Guano. So umsegelte sie während ihrer Reisen nach New York, Kalkutta, Auckland und Capetown siebzehnmal Cap Horn. 1906 transportierte sie unter dem Namen *Star of Alaska* Arbeiter von San Francisco bis Chignik (Alaska) und zurück. Während dieser Zeit wurde sie auch *Pacific Queen* genannt. 1932 durchpflügte sie zum letzten Mal die See. 1954 wurde die *Balclutha* vom Meeresmuseum

San Francisco gekauft. Mit Hilfe der örtlichen Gemeindemitglieder, die unentgeltlich 13000 Stunden an dem Schiff arbeiteten, und dank Spenden von über 10000 Dollar, konnte sie restauriert werden. Im Schiff ist das Staatliche Meeresmuseum für Geschichte der Pazifikküste untergebracht. Es liegt am Hafenkai 43 (Fishermen's Wharf) in von San Francisco vor Anker.

Kathleen & May

Dieser Schoner mit Fockmarssegeln wurde 1900 in England gebaut und kann heute im Hafen von Plymouth besichtigt werden. Er ist vollständig aus Holz und wurde für die Schifffahrt vor den Westküsten von Schottland benutzt. Unter dem Namen *Lizzy May* fuhr er als Handelsschiff. Danach wurde er von einer anderen Schiffsgesellschaft gekauft und in *Kathleen & May* umgetauft (Kathleen hieß die Tochter des Reeders). Später wurde der Schoner von der »Maritime Trust« restauriert und als Museumsschiff verwendet.

Star of India

Der Schiffsrumpf und die unteren Teile der Masten dieser Bark bestehen aus Eisen. Auch dieses schon sehr alte Schiff wird von einer Gruppe von Shiplovern immer in perfektem Zustand gehalten. Auf dem Bild kann man deutlich erkennen, daß der Schiffsrumpf erst kürzlich rot gestrichen worden ist. Der geringe Ballast bewirkt, daß die Wasserlinie, markiert durch den Farbwechsel am Schiffsrumpf, mindestens einen Meter über dem Wasser bleibt.

Discovery

Sie wurde 1901 von der »Royal Geographic Society« als Forschungsschiff für Kapitän R. F. Scott gebaut. Seit dem ersten Jahr ihrer Existenz hat sie unter der Führung von R. F. Scott viele geographische und ozeanographische Forschungsreisen durchgeführt, um sich so auch für die geplante Expedition zum Südpol (1904 bis 1905) vorzubereiten. Danach wurde sie für andere Belange eingesetzt, unter anderem auch für die »Boy Scouts des Meeres« als Schulschiff. Mit den »Boy Scouts« hat sie viele kurze, interessante Törns gemacht. Zur Zeit liegt sie vor London, Victoria, vor Anker. Aber ihre Verbindung zum Kapitän Scott sollte nicht in Vergessenheit geraten! Deshalb ist sie zum »Scott-Museum« geworden, in dem viele Raritäten von seinen zahlreichen Entdeckungsreisen zusammengetragen worden sind. Das Schiff ist auch Sitz der »Royal Naval Reserve«, einem Treffpunkt für alte Seefahrer.

Mercator

Diese Barkentine wurde 1932 gebaut. Ihr Schiffsrumpf besteht aus Stahl und verdrängt 770 Tonnen. Obwohl noch immer in hervorragendem Zustand, wird das Schiff schon seit 1964 nicht mehr genutzt. Tatsächlich wurde das Schulschiff der belgischen Handelsflotte nach einer brillanten Karriere außer Dienst gestellt. Zwischen 1832 und 1961 hat es alle Ozeane besegelt, und es wurde für 41 Lehrfahrten und verschiedenste wissenschaftliche Expeditionen genutzt. Heute ist die *Mercator* ein Museumsschiff. Alle hier ausgestellten Objekte sind interessante Erinnerungen an Reisen in exotische Länder der Vergangenheit.

Pollux

Sie ist eine Bark, 1942 in Amsterdam gebaut und hat 747 Bruttoregistertonnen. Seit dem ersten Tag ihrer Existenz wurde sie als stationäres Schulschiff für die Ausbildung junger Matrosen eingesetzt. Normalerweise werden für solche Zwecke immer Schiffe benutzt, die ihr »Seeleben« schon beendet haben. Eine ähnliche Verwendung findet ein Schiff in Livorno, wo auf dem Gelände der italienischen Marineakademie ein eingegrabener Schoner liegt, d.h. ohne Schiffsrumpf, auf dem die Kadetten »trocken« alle Manöver erlernen, die später auf der *Amerigo Vespucci* in der Praxis geübt werden. Die *Pollux* liegt heute im Hafen von Amsterdam und wird zur Schulung der Kadetten der holländischen Handelsmarine eingesetzt.

Af Chapman

Dieses schwedische Vollschiff wurde 1888 in Whitehaven gebaut. Es hat eine Tonnage von 1428 Bruttoregistertonnen. Nach seiner letzten Fahrt im Jahre 1934 wurde die *Af Chapman* völlig restauriert, ab 1937 außer Dienst gestellt und als schwimmendes Museum eingerichtet. Während ihrer langen Fahrenszeit ist sie zunächst unter norwegischer und später unter schwedischer Flagge gesegelt. Zur Zeit liegt die *Af Chapman* als Jugendherberge im Hafen von Stockholm, und viele jungen Leute nutzen mit Begeisterung die Gelegenheit, etwas vom Bordleben der Matrosen aus alter Zeit nacherleben zu können!

* * *

Diese Übersicht über die »schwimmenden Museen« erhebt nicht den Anspruch, komplett und umfassend zu sein. Sie soll nur zeigen, daß auch der moderne Mensch heute noch an diesen alten Schiffen hängt. Man hat die Bedeutung dieser Schiffe erkannt und sie restauriert, um den jungen Leuten Eindrücke vom Leben dieser Schiffe und ihrer Besatzungen vermitteln zu können. In einigen Fällen hat man, wenn von den Originalschiffen nichts mehr vorhanden war, die Schiffe mittels Erinnerungen, historischen Forschungen oder ursprünglicher Pläne neu gebaut. Von den Schiffen, die noch existieren, in diesem Buch jedoch nicht abgebildet worden sind, müssen noch die beiden amerikanischen Fregatten *Constitution* und *Constellation* erwähnt werden. Sie liegen vor Boston bzw. vor Baltimore vor Anker. Normalerweise werden sie als schwimmende Museen verwendet und jeden Tag von vielen Besuchern bewundert. Doch bei besonderen Segelschiffsparaden sind sie auch heute noch dabei, fortbewegt allerdings mit Schlepperhilfe. Im Juni 1992, als die große Kolumbus-Regatta von New York bis Boston zum Abschluß kam, war es die Fregatte *Constitution*, die diesen Regattateil eröffnete. Vor fast zwei Millionen Zuschauern wurde die »Riesenschlange« aus allen »Tall Ships« gebildet. Mit gesetzten Segeln (und einigen Manöverschwierigkeiten) liefen sie im Hafen von Boston ein, wurden dabei von hunderten von Booten umringt und von einer begeisterten Menge beklatscht und bejubelt.

Ergänzungen

Glossar — oder die Sprache der Seeleute

Auf den nächsten Seiten werden die wichtigsten Fachausdrücke, die im Buch verwendet worden sind, erklärt und teilweise illustriert.

Durch das Zusammenleben auf See und durch die charakteristischen Arbeiten an Bord wurden im Laufe einer langen Zeit spezifische Ausdrücke, Redewendungen und Bezeichnungen geprägt. Es entwickelte sich so etwas wie eine »Seemannssprache«, die nicht für jedermann verständlich ist. Der Versuch, all diese Begriffe zu erklären, erweist sich immer als sehr schwierig. Die nachfolgend alphabetisch aufgeführten Fachbegriffe sind lediglich die wichtigsten, die im Buch vorkommen oder in Zusammenhang mit den Textabschnitten dieses Buchs stehen.

Abhalten: Den Kurs so festlegen oder ändern, daß er in sicherer Entfernung an einem Hindernis vorbeiführt. Das umgekehrte Manöver heißt anluven.

Abtakelung: Dieser Ausdruck wurde ehemals für den Abbau der Kanonen verwendet, die dann auf einem anderen Schiff wieder verwendet wurden. Heute gebraucht man ihn, wenn das Rigg entfernt wird, die Besatzung abmustert oder das Schiff abgewrackt oder für andere Zwecke eingesetzt werden soll.

Achterliek: Die hintere Kante eines Segels.

Ankerblock: Er dient dazu, mit dem Tauwerk besser arbeiten zu können. Er besteht aus einer oder mehreren Scheiben (Rad mit Rille, in dem das Tau entlangläuft). Mehrere Ankerblöcke bilden eine Taje, die benutzt wird, um den Matrosen beim Setzen der Segel eine Hilfe zu geben.

Ankerklüse: Sie ist eine runde Öffnung in der Bordwand zur Führung der Ankerkette.

Ankern: Das Suchen eines guten Ankergrundes (z.B. Schlick, Sand, Ton, Lehm). Das Dreifache der Wassertiefe sollte als ungefähres Maß für die Ankerkette gesteckt werden.

Ausbreiten: Die Segel beisetzen, nachdem die Zeisinge fallengelassen wurden.

Baum: Ein längsschiffs angebrachtes Rundholz, an dem das Segel angeschlagen wird.

Bombarde: Kriegsschiff, das gebaut wurde, um Küsten zu »bombardieren«. Um ein Geschütz auf der »Batteriebrücke« installieren zu können, wurde dazu der Fockmast entfernt.

Brasse: Ein Tau zur beidseitigen Richtungsänderung (Positionierung der Rah nach Windrichtung). Man kann um einen oder mehrere Striche brassen (ein Strich ist ca. 15 °).

Brigantine: Zweimastiger Großsegler. Auf dem Fockmast sind Rahsegel und auf dem Großmast Gaffelsegel (auch Briggsegel genannt) getakelt. Eine Variante der Brigantine, die sehr verbreitet war, ist die Brigg, deren Masten voll getakelt, d.h. nur mit Rahsegel, ausgerüstet sind.

Bugspriet: Die starke Spiere am Bug eines Segelfahrzeuges als Unterlage und Führungsbalken für den Klüverbaum (Siehe Tafel 6, Nr. 1).

Bugsprietsegel: Kleines Rahsegel, das unter dem Bugspriet gesetzt ist. Es ist sehr wichtig, um gut manövrieren zu können. Es gab auch das Gegenbugsprietsegel, das symmetrisch zum Bugspriet lag. Das Segel war auf dem gleichnamigen Mast angeschlagen. Später wurden diese Segel durch den Klüver ersetzt.

Fahrt: Die Fahrweise eines Schiffes nach dem Wind. Man sagt »Paßfahrt«, wenn der Wind von hinten kommt (Rückenwind, Windvierning, Dwarswind, raumer Wind). Kommt der Wind von vorn, sagt man »Dicht am Wind segeln«.

Flaggengala (auch »Über-die-Toppen-flaggen«): Sie wird aus sämtlichen Signalflaggen gebildet, wobei die Flaggen miteinander verbunden von der vordersten Stelle des Fahrzeugs über die Mastspitzen bis zum Heck gesetzt werden.

Fünfmastbark: Die ersten vier Masten sind: Fock-, Groß-, Mittel- und Kreuz-(Achter-)mast mit Rahsegeln, der fünfte Mast (Besanmast) ist mit Gaffel- und Gaffeltoppsegel ausgerüstet. Auf Tafel 1, Fig. 1, ist die *France* abgebildet, das größte jemals gebaute Segelschiff. Sie verdrängte 7800 t. Sie war mit bis zu 64 m hohen Masten ausgerüstet; ihre Segelfläche betrug 6350 qm.

Fünfmast-Vollschiff: Ein mit fünf Masten ausgerüstetes Schiff: Fock-, Groß- Mittel-, Achter- und Kreuzmast. Siehe Tafel 1, Fig. 2, die *Preussen*, 1902 vom Stapel gelaufen; sie verdrängte 5081 t.

Die Karracke

1. Fockmast
2. Großmast
3. Kreuzsegel
4. Bugspriet
5. Bugsprietsegel
6. Focksegel
7. Großsegel
8. Groß-Untersegel
9. Latein-Besansegel
10. Achterdeck (Kastell)
11. Achterdeckwand
12. Oberlicht
13. Boot
14. Anker
15. Oberdeck
16. Stückpforten

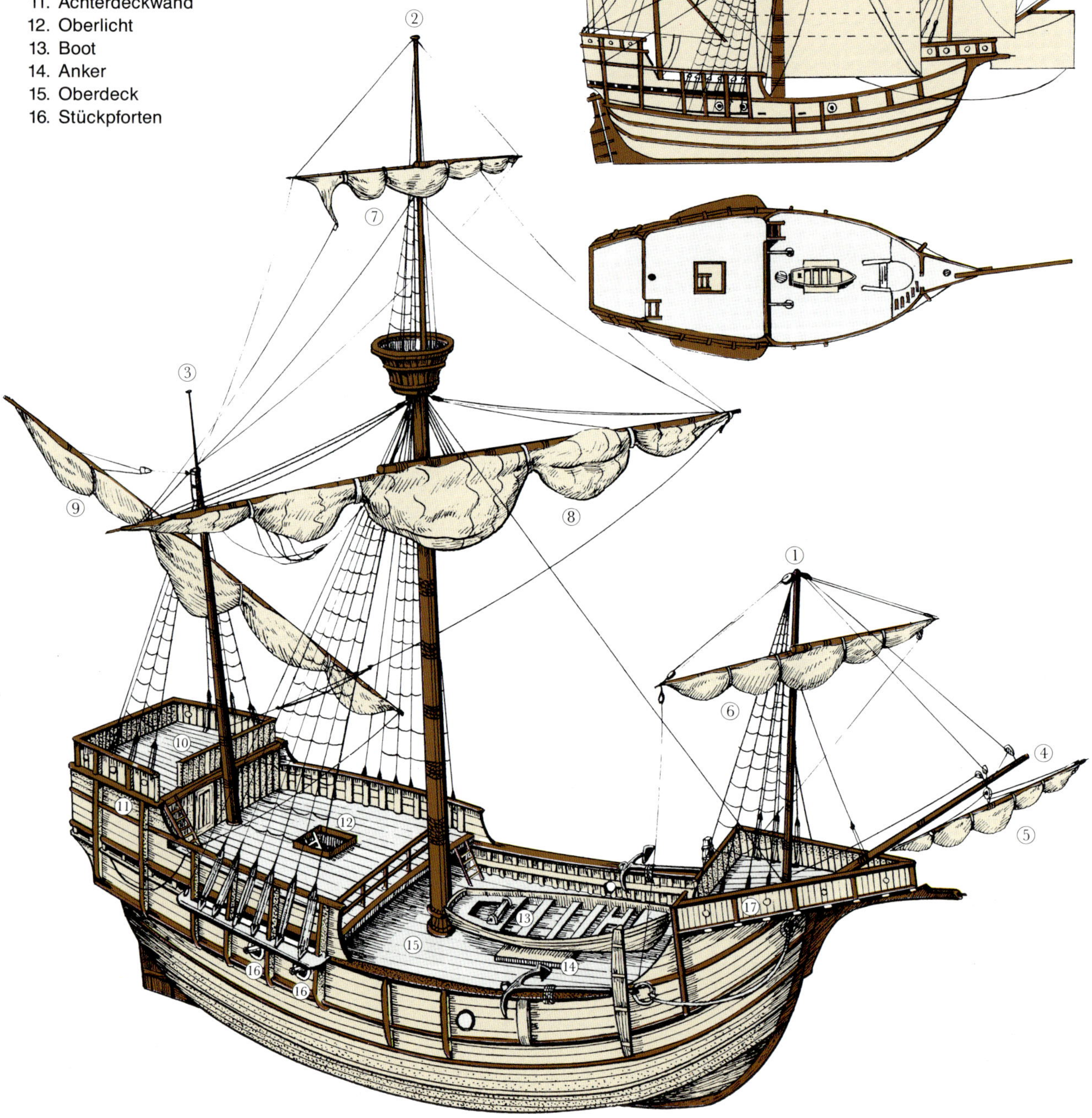

Schiffe der Vergangenheit

Fünfmastbark: *FRANCE*

Viermast-Schoner: *KAJ HEILSOM*

Viermast-Schonerbark: *SHINTOKA MARU*

Sechsmast-Schoner: *WYOMING*

Schonerbrigg: *JOHAN*

Schoner mit Fockmarssegel: *BALTIMORE CLIPPER*

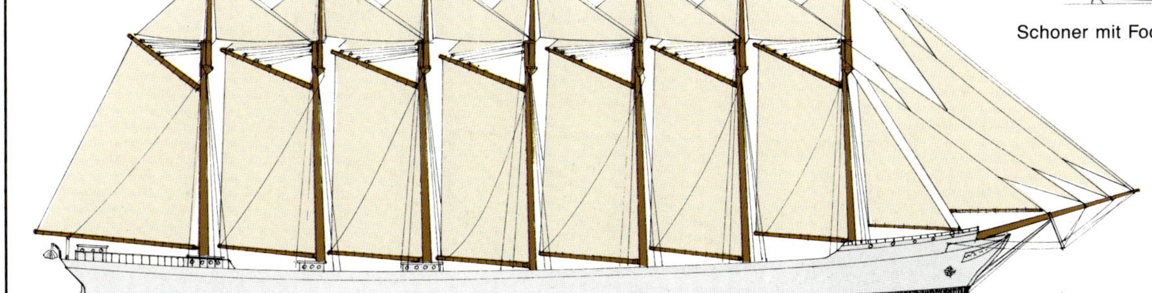

Siebenmast-Schoner: *THOMAS W. LAWSON*

Fünfmast-Vollschiff: *PREUSSEN*

Bark: *KRIENBALD*

Vollschiff: *DORIS BRODERSEN*

Schonerbrigg: *FLORIDA*

Viermastbark: *PAMIR*

Dreimast-Schoner: *ALIADUE*

Viermast-Vollschiff: *COUNTY OF LINLITHGOW*

Das Linienschiff

1. Achterdeck
2. Netze
3. Besanmast
4, 9. Oberdeck
5. Kommandant-Orlogdeck
6. Oberdeck-Kanone
7, 8. Großmast
10. Kastelldeck
11. Bugkanone
12. Fockmast
13. Kommandantenquartier
14. I. Batteriedeck
15. Beratungszimmer
16, 17. Batteriekanonen des I. Batteriedecks
18. Munitionskammer
19. II. Batteriedeck
20. Offiziersmesse
21. Offiziersquartier
22. Fallreepverbindung
23. Kanonenspill
24. Niedergang
25. III. Batteriedeck
26. Offizier-Orlogdeck
28. Bodenwrange
29. II. Batteriekanone
30. Zwischendeck
31. Offiziersquartier
32. Quartier des ersten Offiziers
33. Vorraum zum Quartier des ersten Offiziers
34. Waffenkammer
35. Matrosenquartier
36. Hellegatt über dem Kettenschacht
37, 41. Bilge und Lager
38. Lager
39, 40. Zeughaus
42, 44. Hellegatt
43. Orlogdeck

1. Großmast
Backbordkanonen
5. auf dem I. Batteriedeck
6. auf dem II. Batteriedeck
7. auf dem III. Batteriedeck
Steuerbordkanonen
2. auf dem I. Batteriedeck
3. auf dem II. Batteriedeck
4. auf dem III. Batteriedeck

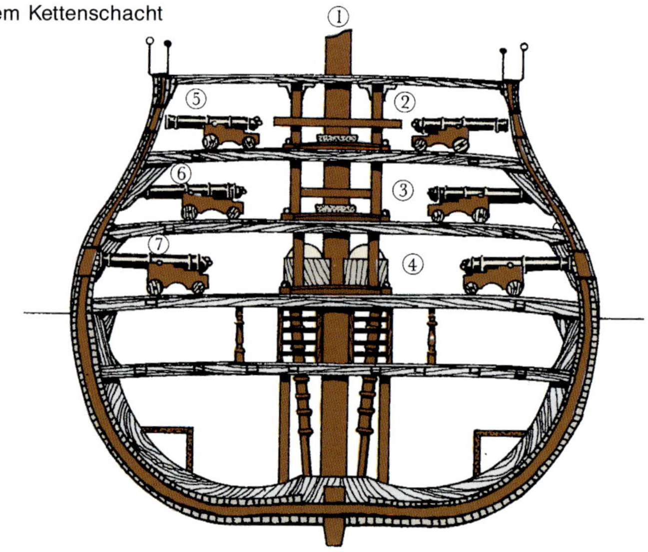

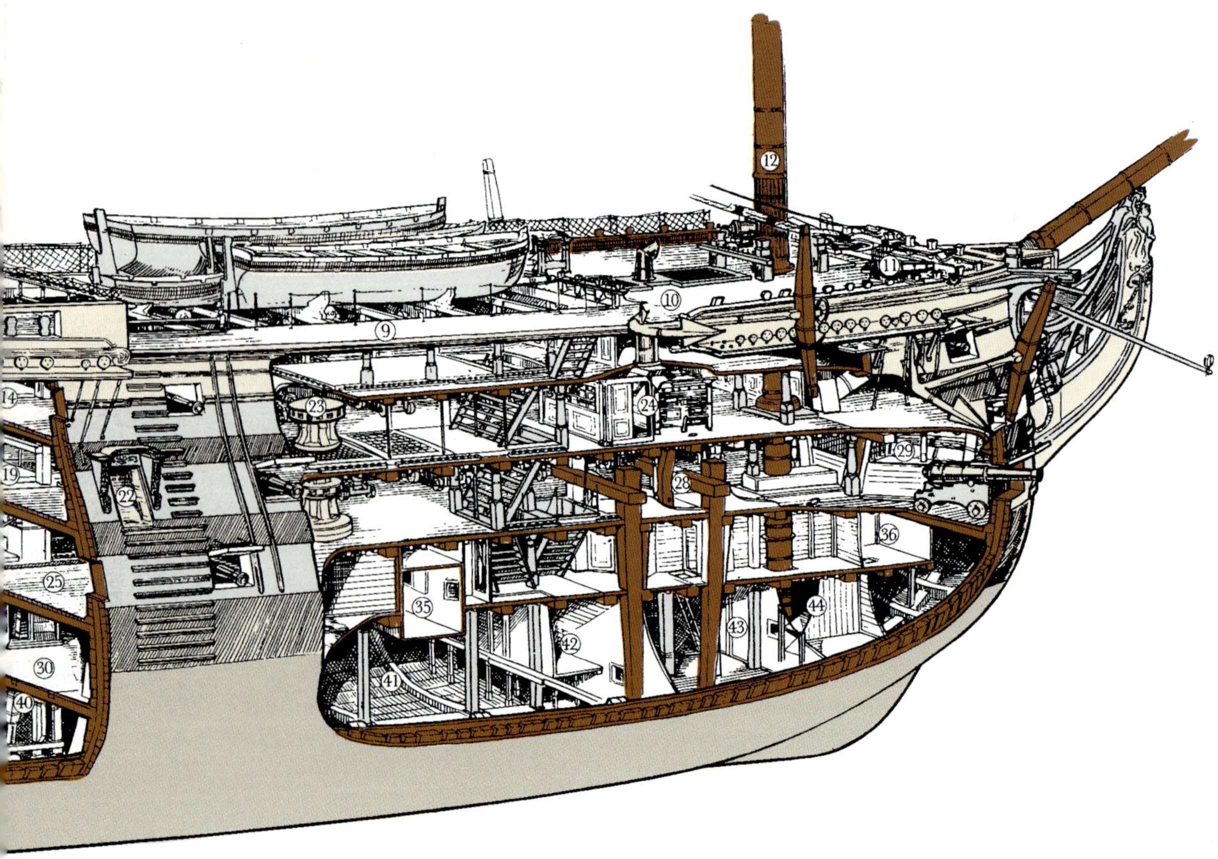

Die Segel eines Schiffes

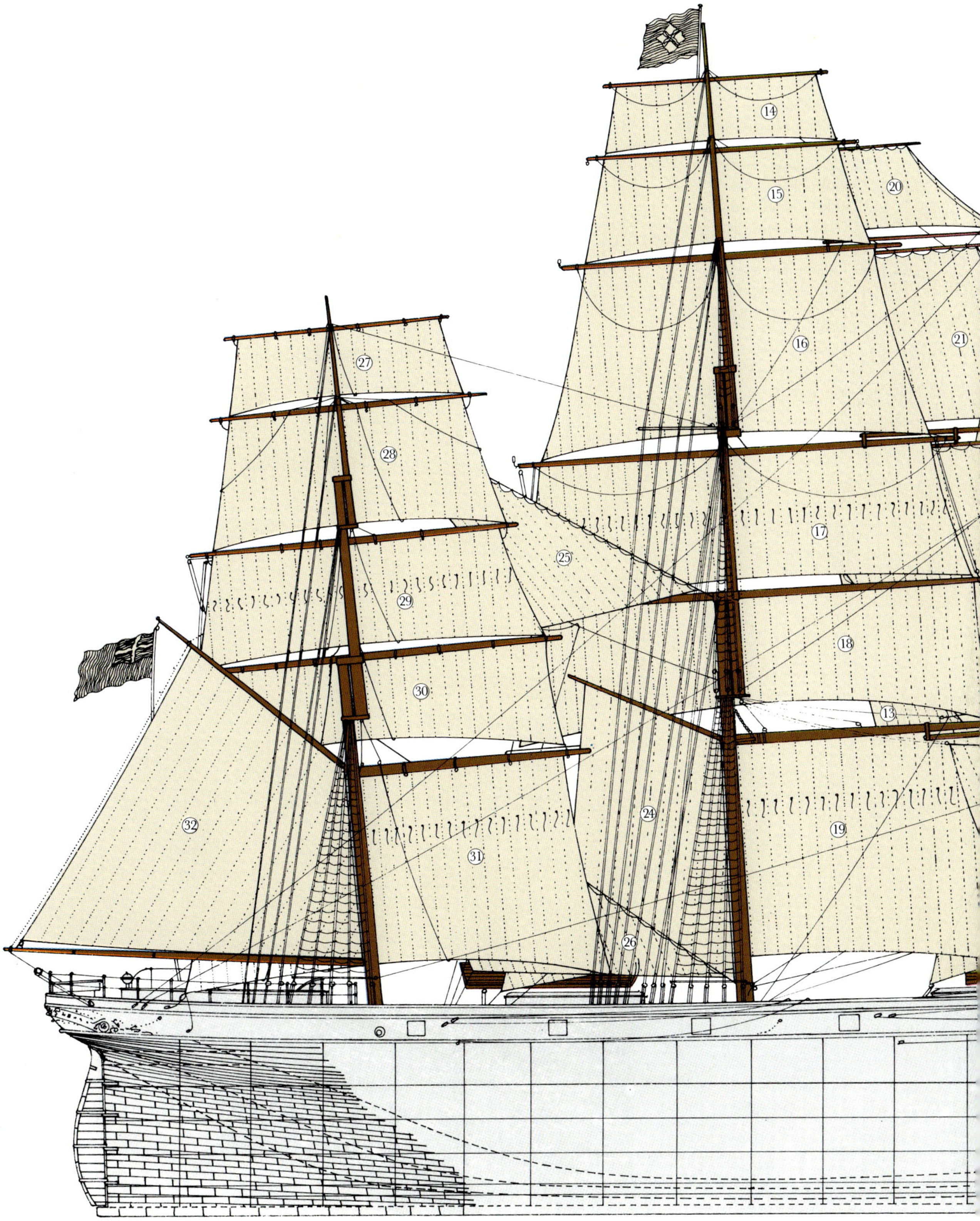

Klüver	Untersegel	Marssegel
1. Außenklüver	8. Fockmast	7. Fockmast
2. Klüver	19. Großmast	18. Großmast
3. Binnenklüver	31. Besanmast	30. Besanmast
Ober-Marssegel	Großbramsegel	Groß-Royalsegel
6. Fockmast	9. Fockmast	4. Fockmast
17. Großmast	16. Großmast	14. Großmast
29. Besanmast	28. Besanmast	27. Besanmast
Stagsegel		
26. Großbramsegel	11, 23. Flieger	24. Spencer
25. Großmarssegel		
12. Großsegel	10, 22. Marssegel	27. Gaffelsegel
20. Vorbramsegel		
	9, 21. Großbramsegel	

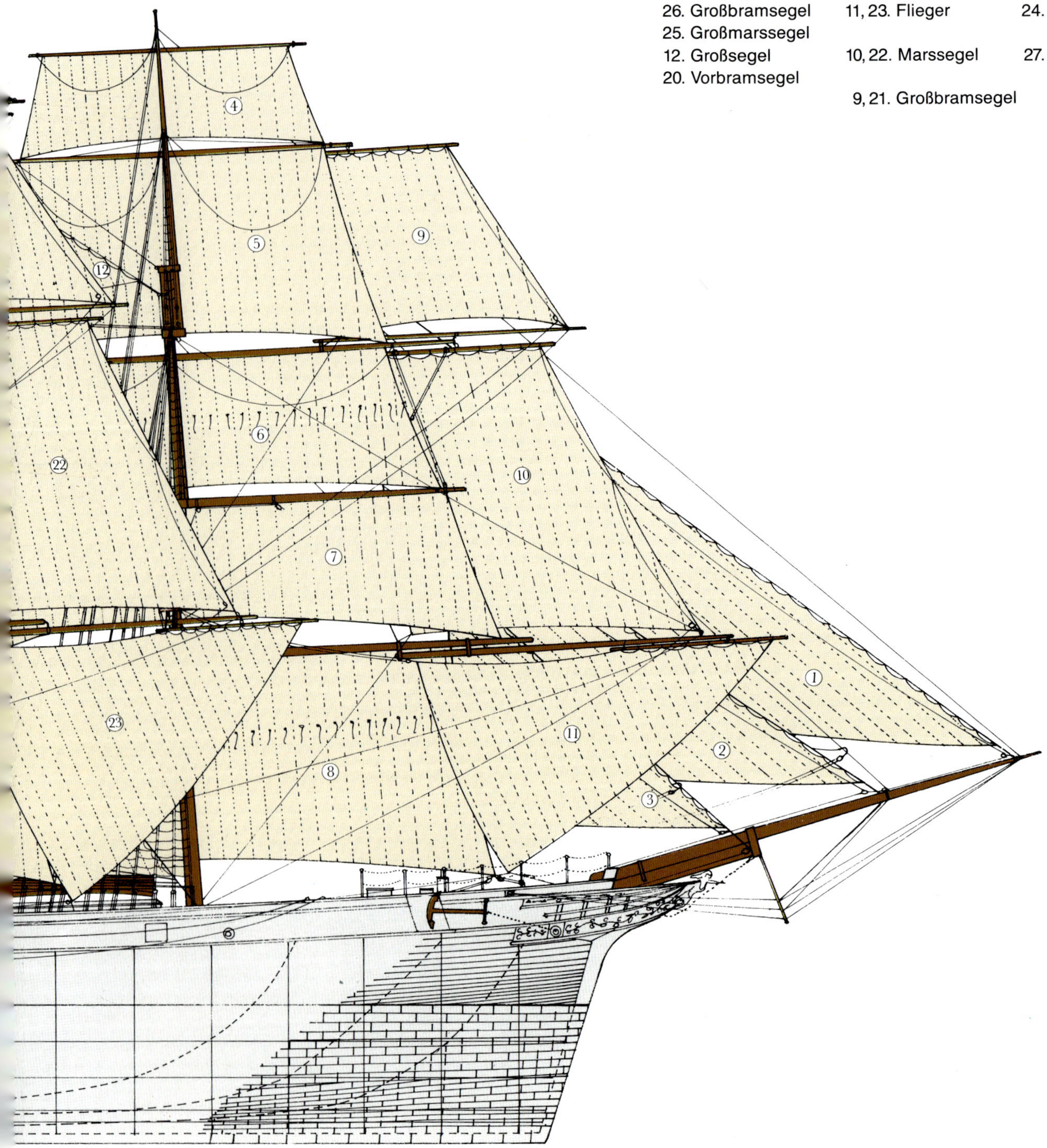

Oberdeck und Querschnitt eines Dreimasters

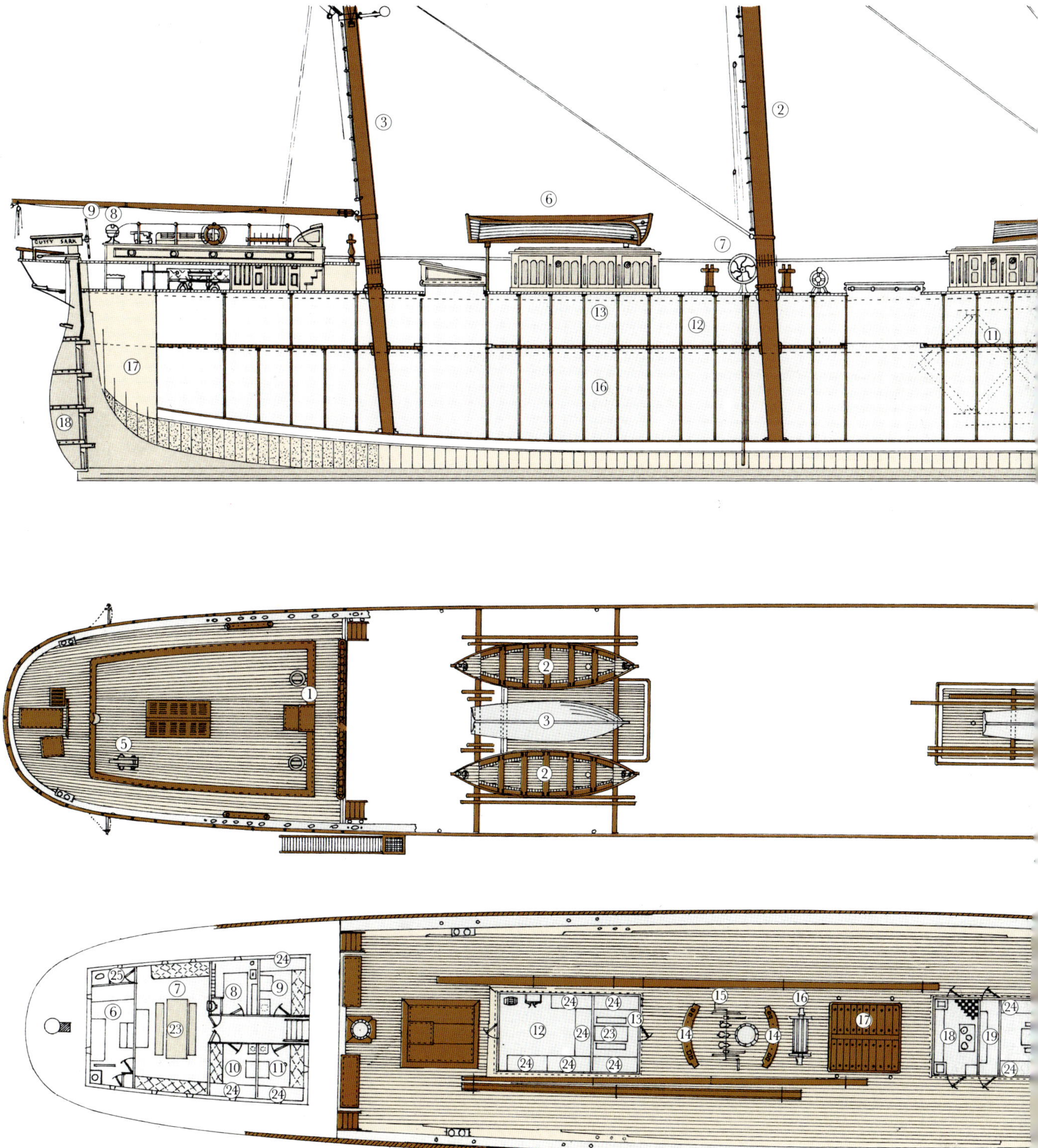

1. Fockmast
2. Großmast
3. Besanmast
4. Spill
5. Dienstboot
6. Rettungsboot
7. Oberdeck
8. Kompaßhäuschen
9. Steuerrad
10. Mannschaftsquartier
11. Passagierkabinen
12, 13. Mannschaftsmesse
14. Lager und Hellegatt
15. Kettenschacht
16. Kielraum
17. Rudermaschine
18. Ruderblatt

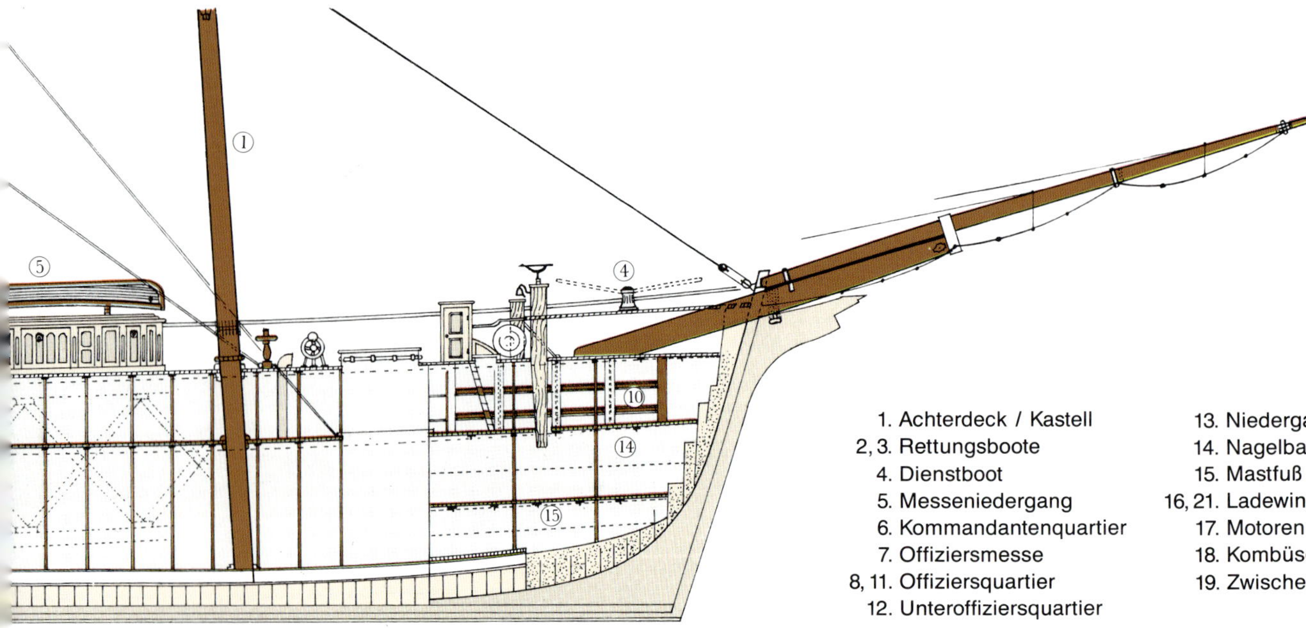

1. Achterdeck / Kastell
2, 3. Rettungsboote
4. Dienstboot
5. Messeniedergang
6. Kommandantenquartier
7. Offiziersmesse
8, 11. Offiziersquartier
12. Unteroffiziersquartier
13. Niedergang
14. Nagelbank
15. Mastfuß
16, 21. Ladewinde
17. Motorenraum-Niedergang
18. Kombüse
19. Zwischendeck
20. Mannschaftsquartier
22. Mannschafts-Niedergang
23. Tisch
24. Waschräume
25. Positionslampen

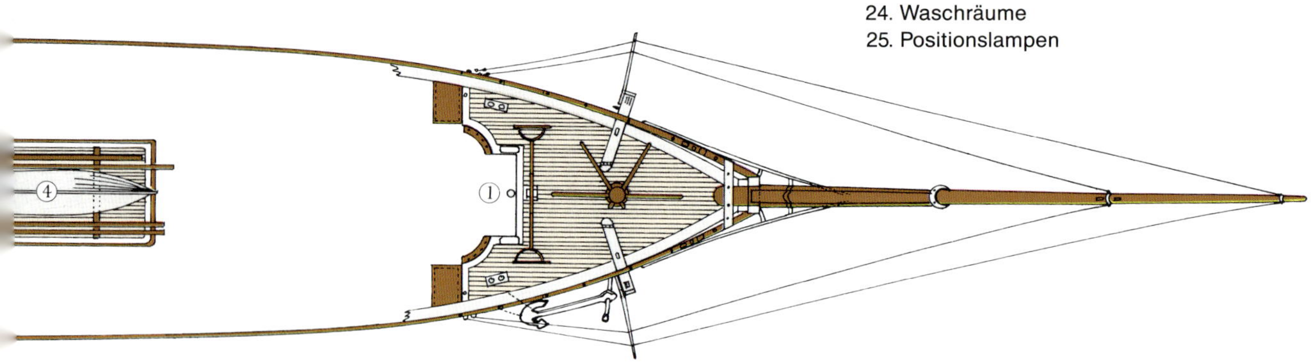

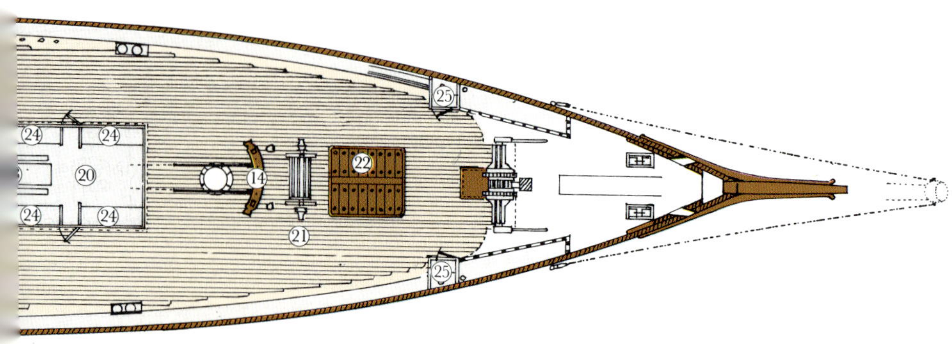

Die Segel von vorn nach achtern

1. Flieger
2. Außenklüver
3. Innenklüver
4. Binnenklüver
5. Focksegel, Untersegel
6. Vor-Untermarssegel
7. Vor-Obermarssegel
8. Vorbramsegel
9. Ober-Vorbramsegel
10. Vor-Unterbramsegel
11. Stagsegel (Großstag-segel)
12. Groß-Royalstagsegel
13. Vor-Stagsegel
14. Großsegel, Untersegel
15. Marssegel
16. Ober-Marssegel
17. Großbramstagsegel

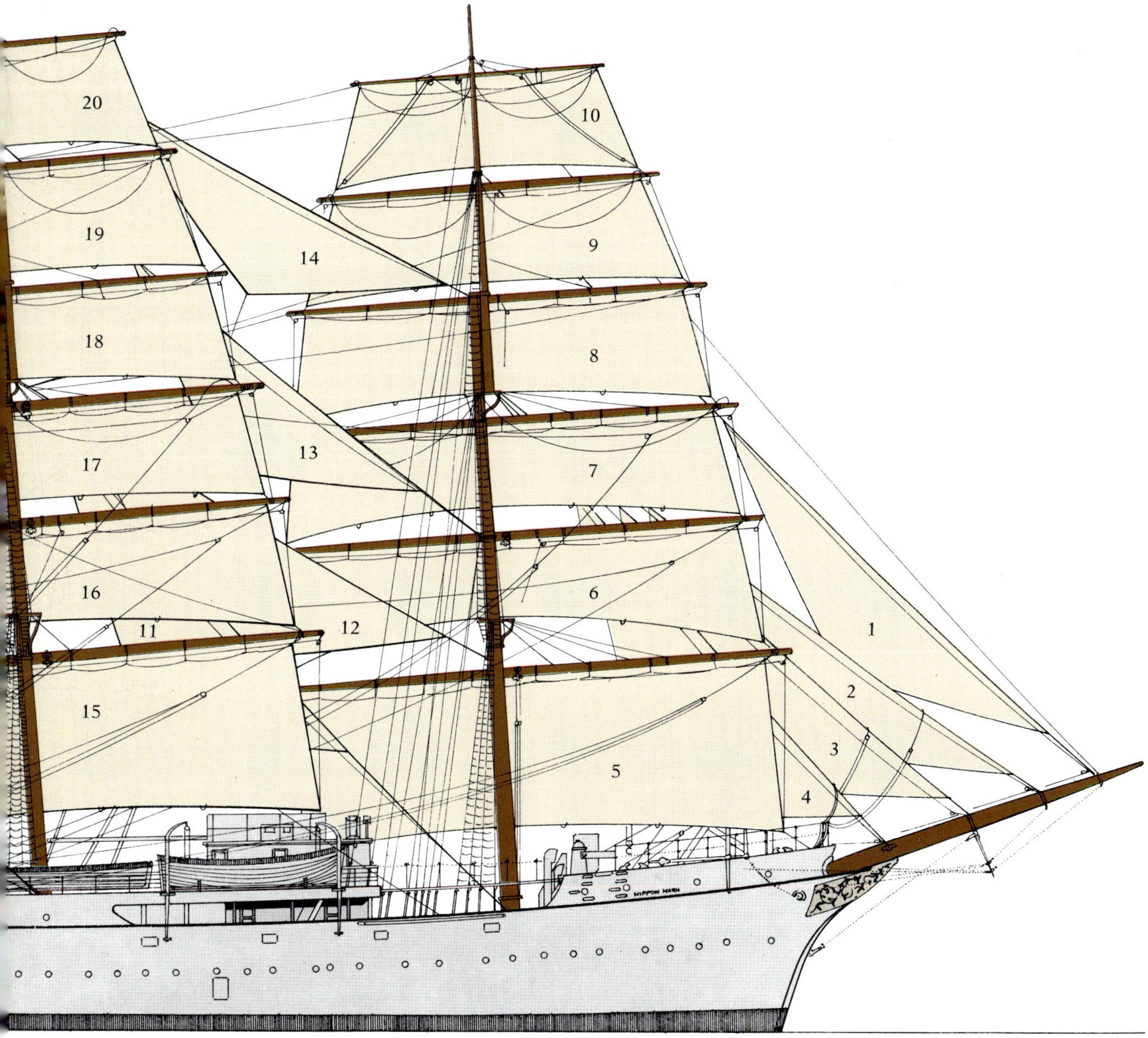

18. Ober-Großbramstagsegel
19. Groß-Royalsegel
20. Unterbesansegel
21. Kreuzbramsegel
22. Kreuz-Royalsegel
23. Besansegel, Untersegel
24. Unterbesansegel
25. Oberbesansegel
26. Kreuzbramsegel
27. Ober-Kreuzbramsegel
28. Kreuz-Royalsegel
29. Stagsegel
30. Stagsegel
31. Flaggentoppsegel

Funk: Sprech- oder Morsefunk.

Funknavigation: Bestimmung des Schiffsortes und des Kurses mit Hilfe elektromagnetischer Wellen, die gesendet und empfangen werden. Es gibt auch kompliziertere Systeme; sie arbeiten mit Senderketten (LORAN, DECCA).

Fußpferd: Waagerecht gespanntes Tau unter jeder Rah. Es diente den Matrosen als Standstütze beim Setzen und Bergen der Segel.

Gaffel: Die obere Haltespiere eines Gaffelsegels mit einem gabelförmigen inneren Ende am Mast, der Klau, und einem äußeren dünnen Ende, der Piek.

Gaffelsegel: Ein trapezförmiges Segel an einer Gaffel. Das Unterliek wird durch den Großbaum gehalten. Es ist sehr einfach zu manövrieren. Von diesem Segel stammt das Marconi-Segel ab. Das Marconi-Segel hat eine dreieckige Form und die jeweils kleineren Seiten werden am Mast und an der Gaffel befestigt. Dieses Segel kann man heute viel auf Freizeitbooten finden.

Galeone: Historischer Schiffstyp. Entwickelt nach der ersten Kolumbus-Reise aus der Notwendigkeit heraus, über Schiffe mit großer Frachtkapazität zu verfügen und die dazu für lange Fahrten geeignet waren. Ihre Takelage war sehr umfangreich. Auf Groß- und Fockmast waren drei Rahsegel, auf dem Besanmast je ein Latein- und ein Kreuzmarssegel gesetzt. Am Bug waren das Bugspriet- und das Gegenbugsprietsegel angebracht.

Galionsfigur: Am Bug eines Schiffes angebrachte Figur. Als Vorlagen dienen Tierköpfe, mythologische Figuren, historische Personen, Frauen oder Wappen.

Geitau: Tau zum »Aufgeien«; Heranholen, Heranziehen von Segeln an die Gaffel oder den Mast.

Graue Schiffe: In der Seglersprache Bezeichnung für Kriegsschiffe.

Halsen links: Das bedeutet, daß der Wind von der linken Seite des Schiffes kommt. Die Halsen und die Schoten sind zwei an Segel befestigte Taue, die benutzt werden, um die Position der Segel nach dem Wind zu regulieren.

Karracke: Das von der Kogge abstammende Segelschiff war mit zwei durchlaufenden Brücken, Achterdeck, Bugkastell und drei Masten ausgerüstet. Auf Tafel 2 gibt es eine detaillierte Beschreibung der Karracke.

Kastell: Aufbau auf dem Vor- oder Achterdeck eines Schiffes. Es wurde normalerweise als Quartier benutzt und war manchmal in mehreren Ebenen aufgebaut. Im Heckkastell (auch Achterdeck genannt) befanden sich die Quartiere des Kommandanten und der Offiziere, im Bugkastell waren die Kombüse und die Quartiere der Unteroffiziere.

Kettenlänge: Die Länge der Ankerkette zwischen zwei Kettenwirbeln, ca. 25 m oder 15 Faden.

Klipper: Schnellsegler des 19. Jahrhunderts. Er stellt die höchste Entwicklungsstufe dar, die die Handelssegelschiffe erreicht haben. Die besonderen Merkmale des Klippers, der für einige Tage durchaus eine Durchschnittsgeschwindigkeit von 16 Knoten halten konnte, waren der sehr spitze Schiffsrumpf und die mächtige Bemastung und Takelage. Der letzte noch existierende Klipper, die *Cutty Sark*, kann in Greenwich bewundert werden.

Klüver: Das vorderste, dreieckige Segel am Stag, das nötig ist, um so hart wie möglich am Wind zu segeln.

Knoten: Ein fachmännischer Knoten im Tauwerk oder auch Geschwindigkeitsmaß: 1 Knoten bedeutet eine Seemeile pro Stunde.

Kogge: Mittelalterliches Schiff mit einem bauchigen Schiffsrumpf.

Kommandobrücke: Von dort aus wird das Schiff vom Kommandant und/oder den Offizieren geführt.

Kompaßgehäuse: Das ist ein stabiles Gehäuse mit Messingdeckel für einen größeren Magnetkompaß.

Kreuzmast: Der letzte vollgetakelte Mast auf allen Vollschiffen; der dritte Mast auf einer Viermastbark. Ursprünglich um ein Viertel kleiner als der Großmast.

Küstenpunkt: Punkt an der Küste, der bei Messungen zur Positionsbestimmung eines Schiffes herangezogen wird. Meist auf der Seekarte markiert.

Lateinsegel: Dreieckiges Segel, das an einer langen Spiere gefahren und am kurzen Mast gesetzt wird. Dieses Segel kann den Wind von beiden Seiten nehmen. Die Bedienung ist viel leichter als beim Rahsegel.

Lenzpumpe: Leistungsstarke Pumpe, die aus dem untersten Teil des Schiffsrumpfes (Bilge) Wasser außenbords pumpt (lenzt).

Linienschiff: Wie die Korvette und die Fregatte ist auch das Linienschiff für Militärzwecke verwendet worden. Es wurde vor allem mit Kanonen ausgerüstet und nach deren Anzahl klassifiziert; z.B. 48, die Fregatte mit 36 und die Korvette mit max. 35 Kanonen bestückt. Es war als Vollschiff mit Fock-, Groß- und Besanmast ausgerüstet. Siehe Tafel 3, Beschreibung der *Victory*, noch existierendes englisches Schiff.

Luvwärts: Bezieht sich immer auf einen bestimmten Punkt: eine Boje, die Startlinie, ein anderes Schiff, d.h. in bezug auf das Objekt, dem Wind zugekehrt.

Marssegel: Viereckiges Segel, das Rahsegel an der Marsrah (s. Tafeln 4 und 6).

Mastkorb: Anfangs wurde er als Wach- und Ausguckplatz benutzt. Später wurde er mit Schranken versehen und bot Bogenschützen und Soldaten Platz. Der Mastkorb dient jetzt dazu, um die Manöver aus Segeln und Rahen zu erleichtern.

Offiziersmesse: Speise- und Aufenthaltsraum der Offiziere.

Poller: Normalerweise ist ein Poller zylindrisch und aus Holz oder Metall. Er ist sehr fest am Schiffsrumpf verankert und wird benötigt, um Trossen zu belegen. Oft haben sie verzierte Deckel aus Bronze oder Messing.

Rah: Rundholz, das mittig waagerecht vor dem Mast befestigt ist und an dem ein Rahsegel mit seinem Oberliek angeschlagen wird.

Rahsegel: Rechteckiges Segel, das an eine Rah geschlagen wird. Durch zwei Taue (Halsen und Schoten) wird die Rah an den unteren luv- bzw. leeseitigen Ecken des Rahsegels angeschlagen.

Rammsporn: Zuerst auf römischen und griechischen Schiffen verwendet, um während der Seeschlachten die Feindschiffe zu rammen. Die Rammsporne bestanden aus Holz oder Metall.

Reff: Art oder Vorrichtung zum Verkleinern der Segelfläche bei wachsender Windstärke.

Reffen: Ein Segel verkleinern; bei Rahsegeln geschieht das durch das Aufbinden der oberen Segelbahnen an die Rah, bei Schratsegeln durch das Zusammenreffen der unteren Segelbahnen.

Rollen: Kombination aus der seitlichen Bewegung um die Längsachse des Schiffes, dem Schlingern und der Gegenbewegung, dem Stampfen.

Rüsteisen: Ein Beschlag am Rumpf, der die sichere Befestigung der Wanten erlaubt.

Schoner: Kleinster Typ unter den Großsegelfahrzeugen. Er hat zwei Masten, die mit zwei Gaffelsegeln, einem Gaffeltoppsegel und Klüvern ausgerüstet sind.

Schonerbark: Abwandlung des Schonertyps. Sie hat einen dritten Mast, der auch mit einem Gaffelsegel ausgerüstet wird. Der Mast ist vollgetakelt.

Schonerbrigg: Die Schonerbrigg hat Rahsegel auf dem Fockmast und ein Gaffelsegel mit Gaffeltoppsegel auf dem Großmast und am Bug zwei oder drei Klüver.

Schoner mit mehreren Masten: Dieser Schiffstyp hat die Takelage des Schoners beibehalten. Es wurden Schoner mit drei (siehe *Aliadue*, Tafel 1, Fig. 13), vier (siehe *Kaj Heilsom*, Tafel 1, Fig. 3), fünf, sechs (siehe *Wyoming*, Tafel 1, Fig. 7) und sogar sieben Masten gebaut. Eine dieser riesigen Schoner war die *Thomas W. Lawson*, das einzige Segelschiff der Welt mit einer Verdrängung von 7500 t. Sie war 132 m lang; ihre Segelfläche betrug 3715 qm. Es war sehr schwierig, das Schiff zu manövrieren. Nach nur sechs Jahren Lebensdauer ist die *Thomas W. Lawson* 1908 im Ärmelkanal verlorengegangen (siehe Tafel 1, Fig. 11).

Schrägrah: Baum, auf den das Lateinsegel gesetzt wurde; die Verbindung mit dem Mast betrug ca. ein Drittel seiner Länge.

Schratsegel: Alle Segel, die in Längsrichtung des Schiffes stehen, auch die Gaffelsegel.

Segelmanöver-Platz (Manöverstation): Der für jedes Besatzungsmitglied bestimmte Platz bei Segelmanövern. Der Manöver-Befehl wird vom Kommandanten oder vom wachhabenden Offizier gegeben.

Segelbahn: Mehrere Streifen aus Leinen oder anderen Materialien aneinandergenäht bilden das Segel.

Segel setzen: Ein Segel mit seinem Fall heißen.

Spill: Eine Vorrichtung zum Einholen oder Fieren von Ketten und Tauen. Normalerweise wird das Spill von einem Motor angetrieben. Es kann aber auch manuell bewegt werden, indem Spaken in die dafür vorgesehenen Löcher eingesetzt werden und die Matrosen sich im Kreis bewegen und die Stangen schieben.

Stagsegel: Siehe Schratsegel.

Stampfen: Bewegung des Schiffes im Seegang um seine waagerechte Querachse.

Steuerbord: Rechts.

Tau: Mit diesem Ausdruck werden dicke Seile bezeichnet.

Toppsegelschoner: Mit dieser Variante konnte man den Wind besser nutzen. Auf dem Fockmast befanden sich zwei Vormarssegel, die auf das große Gaffelsegel gesetzt waren. Siehe *Baltimore Clipper*, Tafel 1, Fig. 12.

Unterliek: Untere Kante eines Segels zwischen Hals und Schothorn.

Unteroffiziersmesse: Speise- und Aufenthaltsraum der Unteroffiziere.

Untersegel: Die an den untersten Rahen gefahrenen Segel.

Viermast-Schoner: Segelschiff mit Gaffeltakelung an allen vier Masten. Siehe die *Shintoka Maru*, Tafel 1, Fig. 4.

Viermast-Vollschiff: Segelschiff mit Fock-, Groß-, Achter- und Kreuzmast; mit Rah- und einem Gaffelsegel pro Mast ausgerüstet. Siehe *County of Linlithgow*, Tafel 1, Fig. 14. Auf Tafel 6 werden die entsprechenden Segel beschrieben.

Vollschiff: Vollgetakeltes Segelschiff mit drei Masten, Fock-, Groß- und Kreuzmast. Der achtern stehende Kreuzmast hat außer Rahsegel noch ein Gaffelsegel. Dieser sehr verbreitete Schiffstyp, der eine lange Lebensdauer hatte, wurde hauptsächlich für Fahrten auf hoher See eingesetzt. Siehe *Doris Brodersen* auf Tafel 1, Fig. 6 und auf den Tafeln 4 und 5 Bemastung: Takelage und Schiffsrumpf.

Vorstag: Das vordere Stag, an dem der Klüver gefahren wird.

Want: Die Haltetaue der Masten und Stengen nach unten und nach den Seiten.

Webeleinen: Kurzes, dünnes Tauwerk zwischen den Wanten, das der Besatzung beim Entern in die Takelage als Trittsprosse dient.

Zeisinge: Tauwerk zum Zusammenbinden der Segel.

Ziehen: Ein Tau ziehen, um es zu spannen. »Holen und Fieren«; wenn man ein Tau festhält und läuft, um das Tau zu spannen.

Besondere Begriffe wie Maße und Gewichte der im Buch erwähnten Schiffe:

Länge: Wenn nicht anders angegeben, bezieht sich die Länge des Schiffes vom äußersten Punkt des Bugs zum Heck, die sog. Länge ü(ber) a(lles).

Breite: Die breiteste Stelle eines Schiffes über der Außenkante gemessen.

Verdrängung: Die Masse der von einem Schiff verdrängten Wassermenge in »t«.

Tonnage: Rauminhalt eines Schiffes in Tonnen.

Tonnengehalt: Raumgehalt eines Schiffes, um die Transportfähigkeit zu berechnen. Sind sämtliche Räume gemeint, sagt man Bruttoregistertonnage, wenn nur das Ladevolumen gemeint ist, spricht man von Nettotonnengehalt. Für Segelschiffe gibt es auch einen Wert, der nach besonderen Formeln berechnet wird. Dabei spielen auch die Maße des Schiffsrumpfes und der Segelfläche eine Rolle. Insbesondere die T.T. (Thames Tonnage, auch Themse-Vermessung genannt), die erstmals 1855 angewendet wurde, hat immer noch Gültigkeit beim Lloyd's Register of British Yacht und STA. G.T. ist eine neue internationale Festlegung. Die T.T. wird in Fuß nach folgender Formel berechnet: T.T. = [(Länge — Breite) x Breite] x 1/2 Breite geteilt durch 94.

Register